Ingrid Klimke

CAVA LETTI

Aufbauten und Abmessungen

MIT KOSMOS MEHR ENTDECKEN

KOMPAKTES WISSEN *von der Olympiasiegerin*

SEIT 1822

KOSMOS

Inhalt

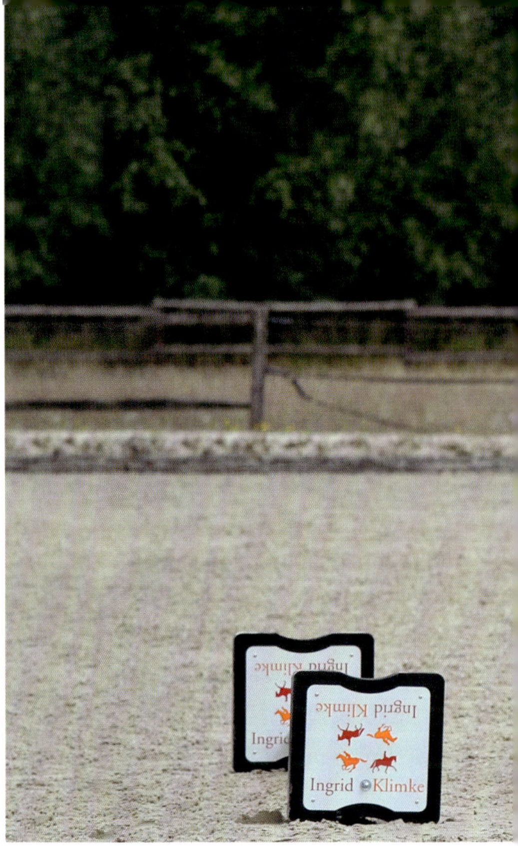

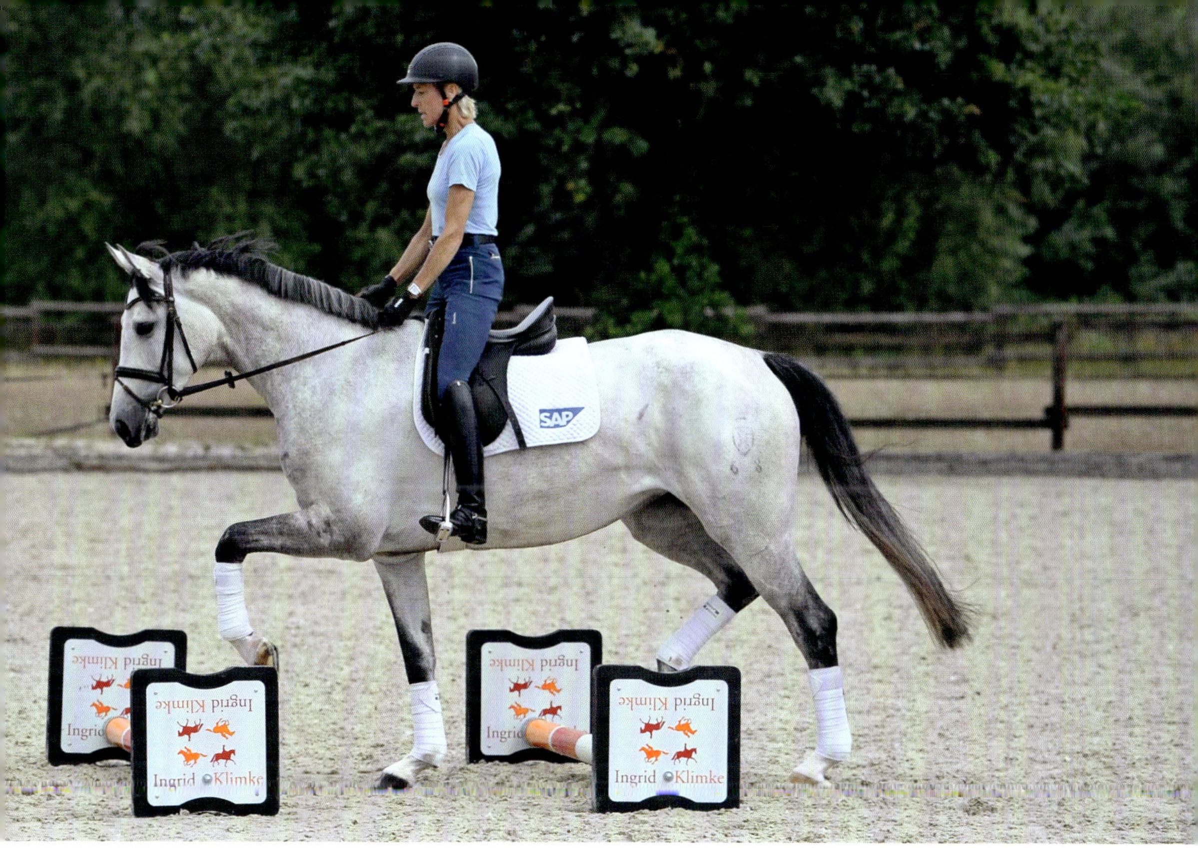

DAS KOSTENLOSE EXTRA: DIE KOSMOS-PLUS-APP FÜR DIGITALE ZUSATZINHALTE

Dieses Buch bietet Ihnen weitere Inhalte in Form von Illustrationen mit allen Cavaletti-Aufbauten und Abständen.

Und so geht's:

1. Besuchen Sie den App Store oder Google Play.
2. Laden Sie die kostenlose App „KOSMOS PLUS" auf Ihr Mobilgerät.
3. Öffnen Sie die App und laden Sie die Inhalte für „Cavaletti – Aufbauten und Abmessungen" herunter. Geben sie hierfür das Codewort Cavaletti ein.

Mehr Informationen finden Sie unter plus.kosmos.de

CAVALETTI-WISSEN KOMPAKT

Das Cavaletti-Training ist ein fester Bestandteil meines Trainingsalltags und der Ausbildung meiner Pferde. So gut wie täglich baue ich Cavaletti in die Arbeit mit meinen Pferden ein, sei es beim Reiten oder beim Longieren. Das gilt für alle meine Pferde, egal, in welcher Disziplin sie geritten werden. Ich bin mit Cavaletti groß geworden, denn mein Vater war schon sehr früh in seiner reiterlichen Laufbahn ein überzeugter Anhänger des Cavaletti-Trainings. An der Westfälischen Reit- und Fahrschule in Münster und beim DOKR in Warendorf konnte er sich mit der ursprünglich aus Italien stammenden Trainingsmethode vertraut machen und seine eigenen praktischen Erfahrungen damit sammeln. Bereits 1966 hat er ein Buch zum Cavaletti-Training verfasst, das heute seit über 50 Jahren nach Erscheinen der 1. Auflage immer noch aktuell ist. Es ist ein Standardwerk, an dessen Überarbeitung und Erweiterung wir noch gemeinsam arbeiten konnten. Nach seinem viel zu frühen Tod im Jahr 1999 ist es zu meiner alleinigen Aufgabe geworden, das Cavaletti-Buch stets auf dem aktuellen Stand zu halten und meine neuesten Trainingsideen und Übungen hinzuzufügen.

In den letzten Jahren habe ich immer wieder darüber nachgedacht, ein kleines, übersichtliches Büchlein herauszubringen, das lediglich die Cavaletti-Aufbauten enthält, so dass es jeder Reiter mit auf den Reitplatz mitnehmen kann und alle Abmessungen direkt parat hat. Das ist einerseits sehr praktisch, weil man gleich losreiten kann, andererseits fehlt einem dann das grundlegende Wissen zu den einzelnen Übungen. Mir ist der praktische Aspekt und dass man das in meinen Büchern Geschriebene auch schnell umsetzen kann sehr wichtig. Aber mir ist es genauso wichtig, dass jeder Reiter den Sinn und Zweck einer Übung versteht. Keine Lektion wird aus reinem Selbstzweck geritten. Wir fördern mit ihnen bestimmte Fähigkeiten bei unseren Pferden. Und da diese Hintergründe so wichtig sind, wollte ich auch in diesem Kompakt-Ratgeber nicht ganz darauf verzichten.

Deshalb enthält das vorliegende Buch die wichtigsten Kapitel aus dem Standardwerk „Cavaletti-Dressur und Springen“. Wundern Sie sich also nicht, wenn Ihnen manches bekannt vorkommt. Einige Übungen sind neu hinzugekommen, manche wurden aktualisiert und übersichtlich zusammengestellt. Neu sind auch die praktischen Tipps zum Trainingseffekt der einzelnen Übungen. Auch die Abstände zwischen den Cavaletti habe ich im Training alle nochmals nachgemessen und aktualisiert. Allerdings sind dies nur Richtwerte und auf jedes Pferd individuell anzupassen.

Damit Sie im Alltag wenig Zeit verlieren und Ihre Cavaletti vor dem Reiten zügig aufbauen können, finden Sie alle im Buch enthaltenen Übungen in einer Übersicht auf den Umschlagklappen sowie in der KOSMOS-PLUS-App zum Herunterladen auf Ihr Handy.

Ich wünsche Ihnen viel Freude und gutes Gelingen beim Cavaletti-Training!

Ihre

Ingrid Klimke

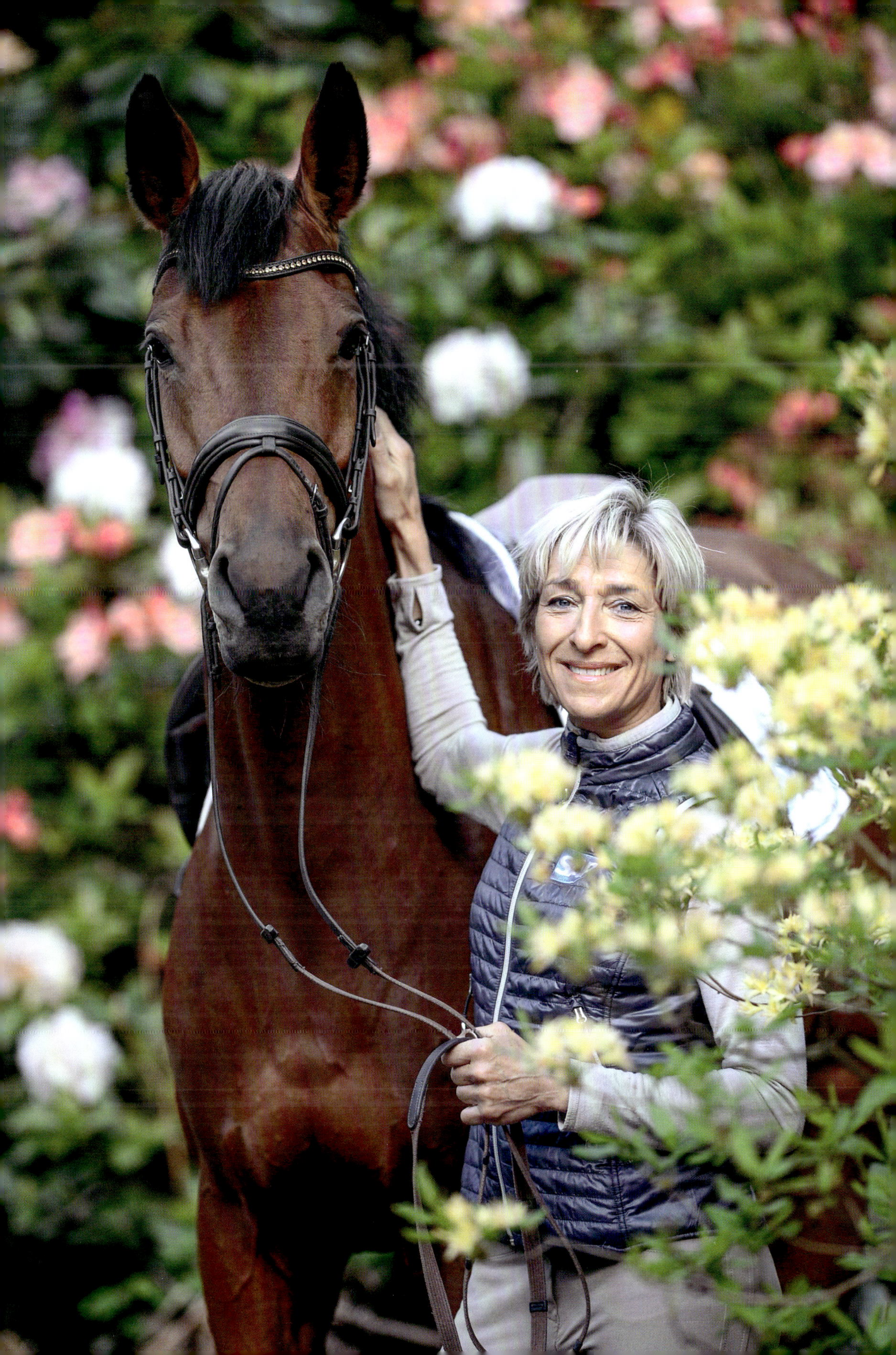

DER AUSBILDUNGSWERT
— *von Cavaletti-Arbeit*

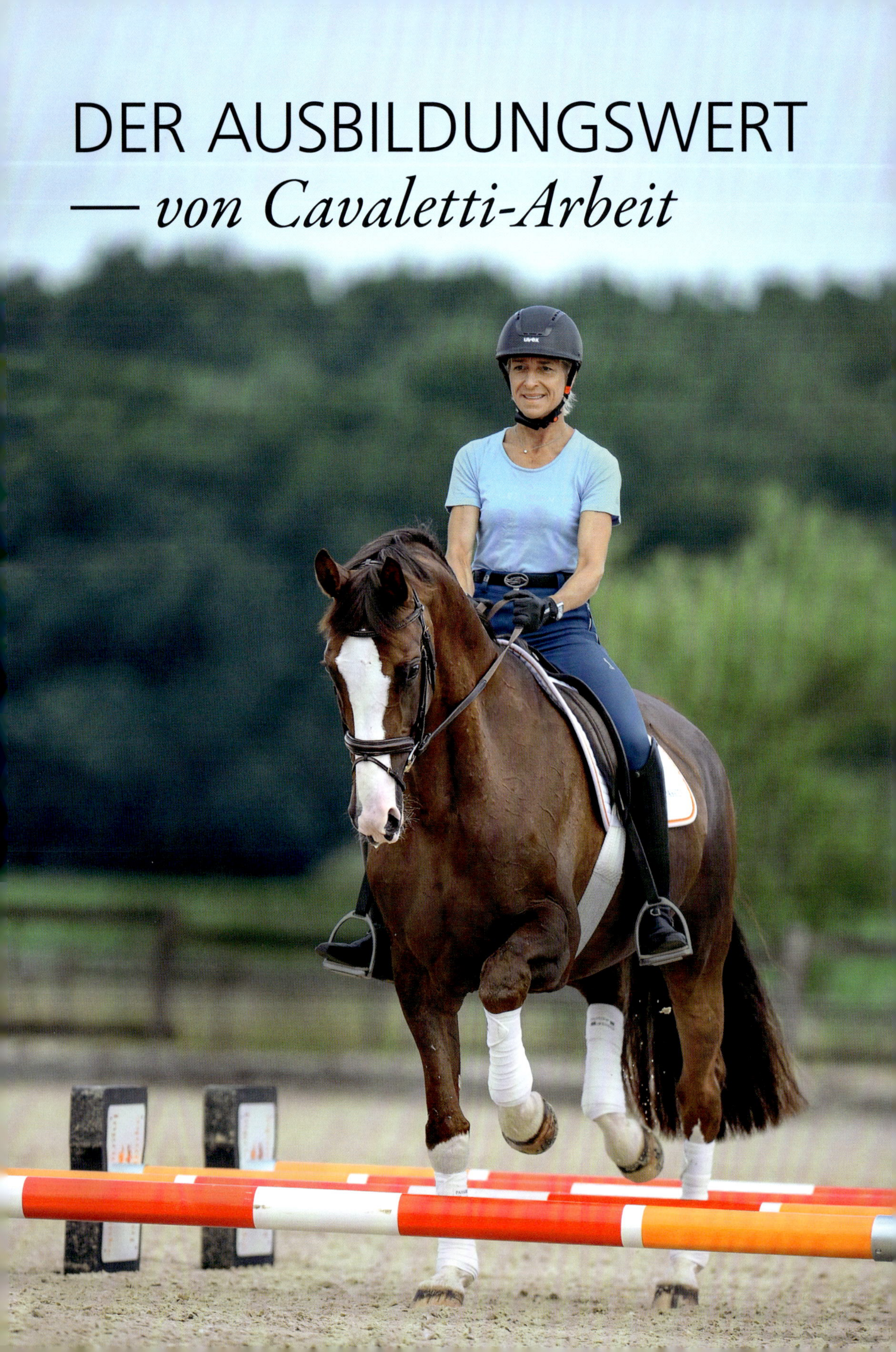

GRUNDLAGEN

Die Ausbildung des Reitpferdes verfolgt das Ziel einer naturgemäßen Gymnastik. Die Körperkräfte des Pferdes sollen gestärkt und die Gelenke geschmeidiger gemacht werden. Hierfür kann die Cavaletti-Arbeit eine wertvolle Unterstützung sein. Die Entwicklung der Muskulatur, die Elastizität der Bänder und der Faszien ist von Bewegungsreizen abhängig.

Die Cavaletti-Arbeit ist deswegen zur Ausbildung so hervorragend geeignet, weil sie die Pferde zu bestimmten, kontrollierbaren Bewegungsabläufen veranlasst. Das Pferd fußt höher als gewöhnlich ab und dadurch setzt es auch regelmäßiger und bestimmter wieder auf den Boden auf. Alle vier Beine, die dazugehörigen Gelenke und Faszien und damit der gesamte Bewegungsapparat werden vermehrt beansprucht, ohne dass die Fußfolge in den drei Grundgangarten Schritt, Trab und Galopp geändert wird. Durch das dynamische An- und Abspannen der unterschiedlichen Muskelgruppen kommt es zur Ausprägung und Kräftigung des gesamten Bewegungsablaufs. Wird die Cavaletti-Arbeit jedoch zu lange ausgedehnt oder ist der Aufbau der Bodenricks nicht dem natürlichen Bewegungsrhythmus des Pferdes angepasst, besteht die Gefahr einer Überlastung. Nur systematische, langsam gesteigerte Cavaletti-Arbeit kann die Muskelbildung, die Elastizität der Bänder und der Faszien des Pferdes unterstützen. Sie ist aber auch geeignet, Muskeln zu lockern und Steifheiten zu beseitigen, vor allem bei Pferden, die von Natur aus nicht so

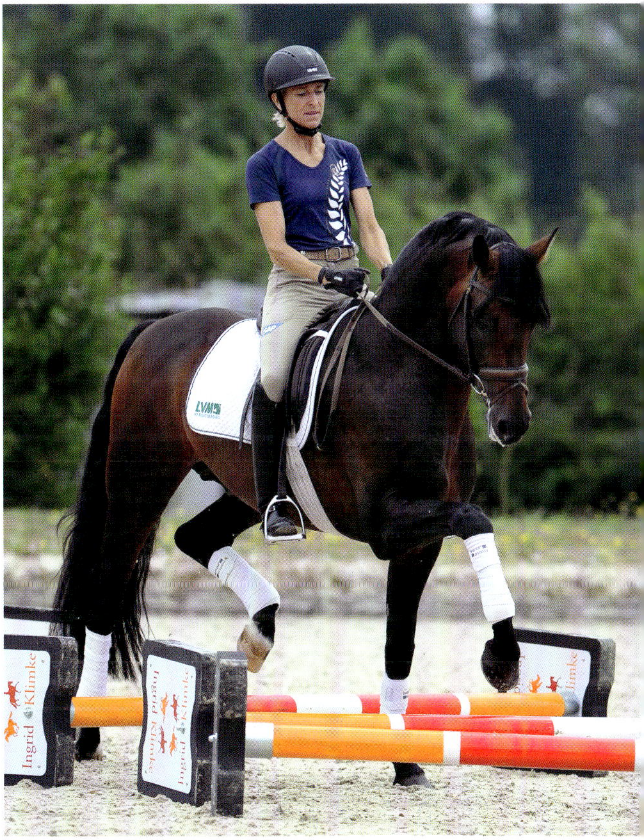

Das Reiten über Cavaletti kräftigt die Muskulatur.

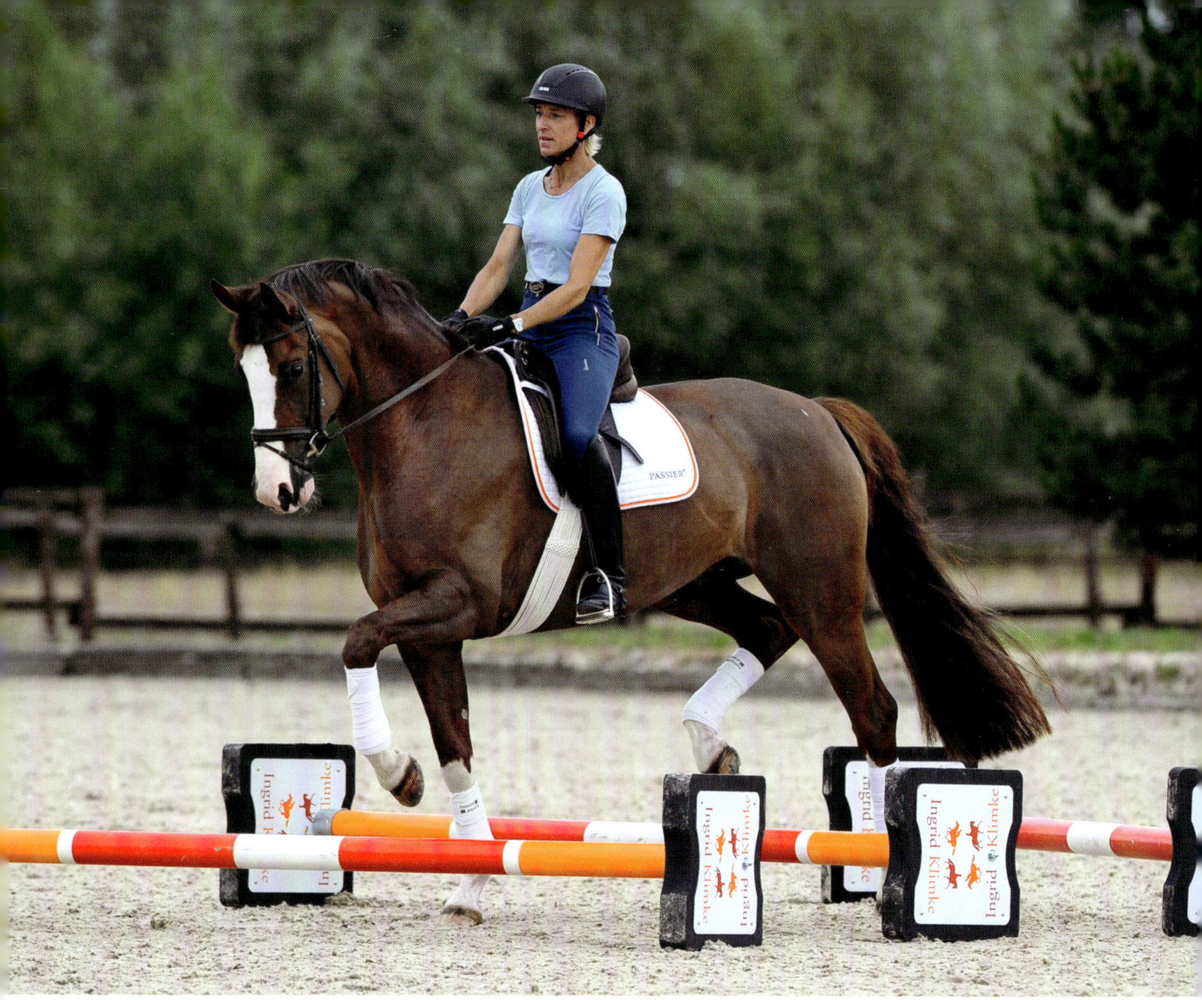

Taktsicher und losgelassen schwingt das Pferd im Rücken.

lebendig abfußen. Pferde, die in Dehnungshaltung über Cavaletti geritten werden, wölben beispielsweise den Rücken auf und entspannen die dort befindlichen Muskeln. Der Bewegungsablauf kehrt zu seinem natürlichen Rhythmus zurück. Nach kurzer Zeit wird man beobachten können, dass die von der Hinterhand ausgehende Bewegung wieder fließend auf die Vorhand übertragen wird. Der Rücken des Pferdes schwingt mit und lässt den Reiter bequem sitzen. Zwar lässt sich eine festgehaltene Rückenmuskulatur auch schon durch Reiten in Dehnungshaltung lösen; einfacher und sicherer ist die Gymnastizierung jedoch, wenn man Cavaletti zu Hilfe nimmt, weil dadurch dem Pferd der Bewegungsablauf genau vorgeschrieben werden kann.

WARUM LOHNT SICH DER EINSATZ VON CAVALETTI?

Die Arbeit mit Cavaletti eröffnet also die Möglichkeit, die Muskulatur des Pferdes zu lockern und zu kräftigen. Darüber hinaus kann sie für die Entwicklung des Herz-Kreislauf-Systems nutzbar gemacht werden. Dabei genügt es zu wissen, dass man niemals einzelne Organe, sondern immer nur den ganzen Pferdekörper trainieren kann. Langsame und stetige Bewegungssteigerung erhöht die Belastungsfähigkeit des Kreislaufs und führt zum Gewinn von Ausdauer. Nimmt man für dieses Training Cavaletti zu Hilfe, hat man den Vorteil einer mess-

baren Beanspruchung. Insoweit kann die Cavaletti-Arbeit auch für die Konditionsschulung von Nutzen sein.
Gleichzeitig dient sie der Verwirklichung weiterer Ausbildungsziele. Eine der ersten Herausforderungen, mit denen das junge Pferd vertraut gemacht werden muss, besteht darin, sich mit dem Reitergewicht im Rücken auszubalancieren. Wenn die dressurmäßigen Grundlagen gefestigt sind, kann mit der Vorbereitung für Geländereiten und Springen begonnen werden.
Im Zuge dieser Ausbildung lohnt sich wiederum die Verwendung von Cavaletti. Pferde, die über Bodenricks geritten werden, erlangen eine große Trittsicherheit, weil sie ihre Schritte, Tritte und Sprünge nach den festliegenden Stangen richten können. Sie lernen außerdem, ihren Schwerpunkt rasch und sicher zu verschieben.
Da das Gleichgewicht durch das erhöhte Abfußen ständig wechselt, wird zugleich die Balance weiter gefestigt und das Pferd zum sicheren Treten auch auf unebenem Gelände vorbereitet. Das Fußen in bestimmten Abständen erfordert Aufmerksamkeit und genaues Taxieren. Damit sind Eigenschaften angesprochen, durch die sich besonders Spring- und Geländepferde auszeichnen. Cavaletti-Arbeit gibt auch Gelegenheit, die Psyche des Pferdes kennenzulernen und auf sie einzuwirken. Die Art und Weise, mit der das Pferd eine ihm gestellte Aufgabe über Cavaletti meistert, lässt Rückschlüsse auf Temperament und Charakter zu. Ist es clever und mutig, bleibt es willig und ruhig? Durch wechselnden

TRAININGSEFFEKT

- Lockerung, Kräftigung der Muskulatur
- Konditionsschulung
- Verbesserung der Trittsicherheit, Koordination und Beweglichkeit
- Förderung der Balance
- Entwicklung von Selbstständigkeit
- Verbesserung der Grundgangarten

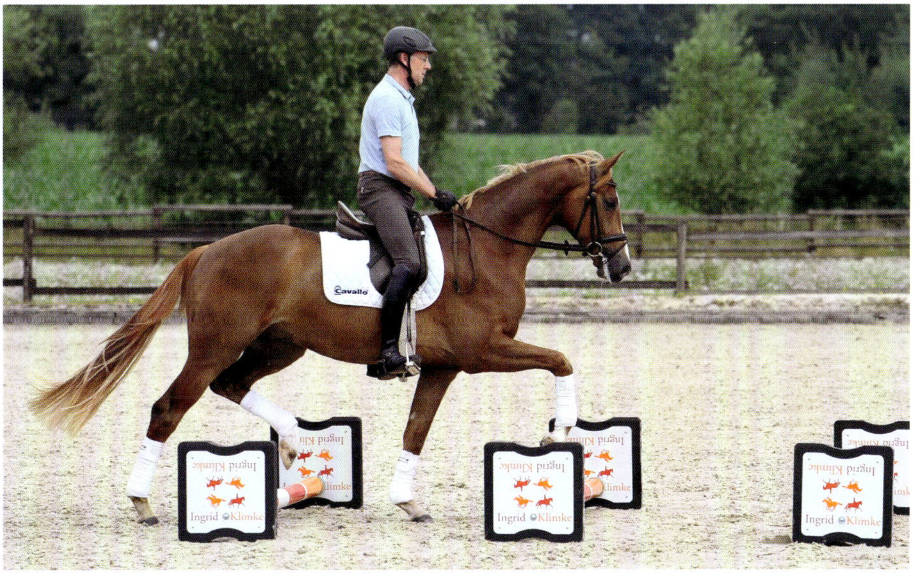

Das junge Pferd trabt mit feiner Anlehnung und der Stirnlinie deutlich vor der Senkrechten.

Aufbau und unterschiedliche Abstände kann die Lernfähigkeit getestet und weiter gefördert werden. Die Pferde werden aufgeweckter und lernen vor allem, Aufgaben selbstständig zu lösen. Cavaletti-Arbeit kann daher auch in gewissem Sinne das Selbstbewusstsein, die Konzentration und den Überblick des Pferdes schulen.
Im Rahmen der Dressurausbildung sind Cavaletti vor allem geeignet zur Förderung der Grundgangarten. Konstante Abstände zwischen den einzelnen Bodenricks dienen zur Verbesserung von Takt und Gleichmaß der Bewegungen. Schwung und Kadenz werden allein schon durch das höhere Treten vermehrt. Der Trab wird ausdrucksvoller. Im Trab wird wertvolle Vorarbeit für die erste Anfängen der Passage geleistet. Mehr davon in meinem Buch „Cavaletti – Dressur und Springen".
Die grundsätzliche Frage nach dem Wert der Cavaletti-Arbeit für die Ausbildung des Reitpferdes lässt sich daher wie folgt beantworten:

AUSBILDUNGSWERT
Die Arbeit mit Cavaletti bereichert die Ausbildung aller Reitpferde. Sie fördert Takt, Losgelassenheit und steigert die Motivation und Fitness.

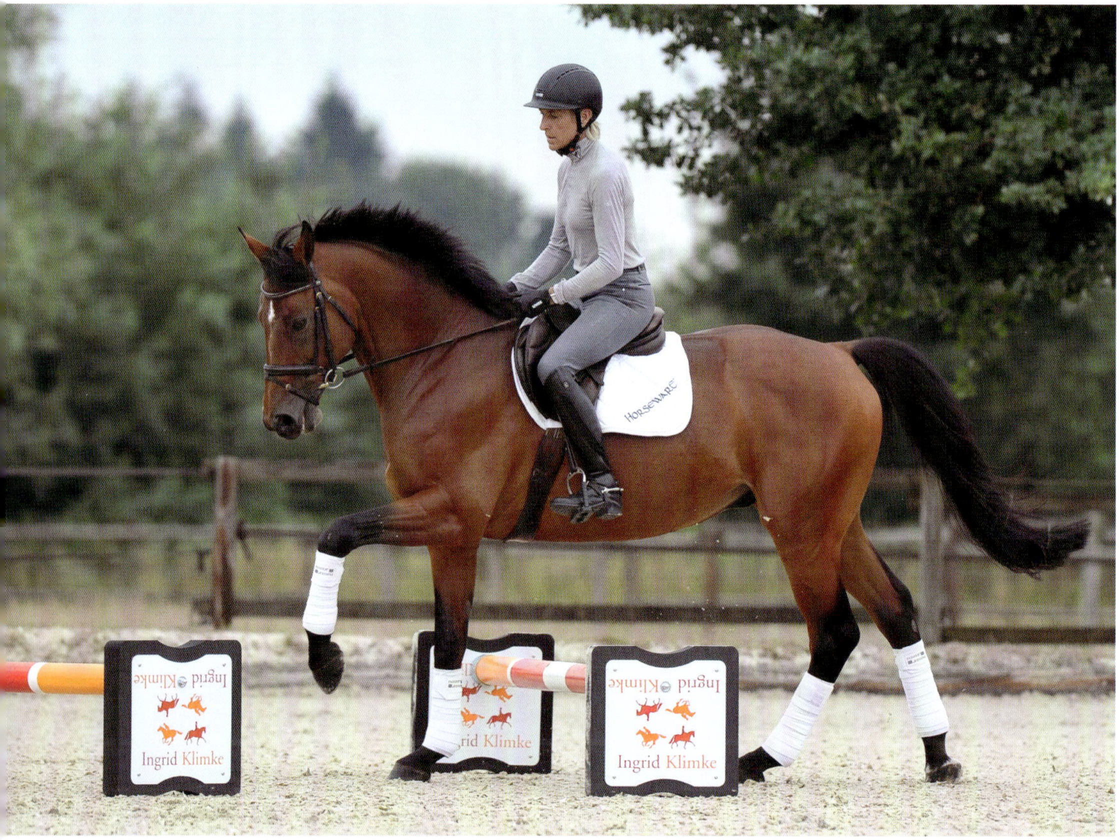

Galoppieren über Cavaletti fördert die Versammlungsfähigkeit.

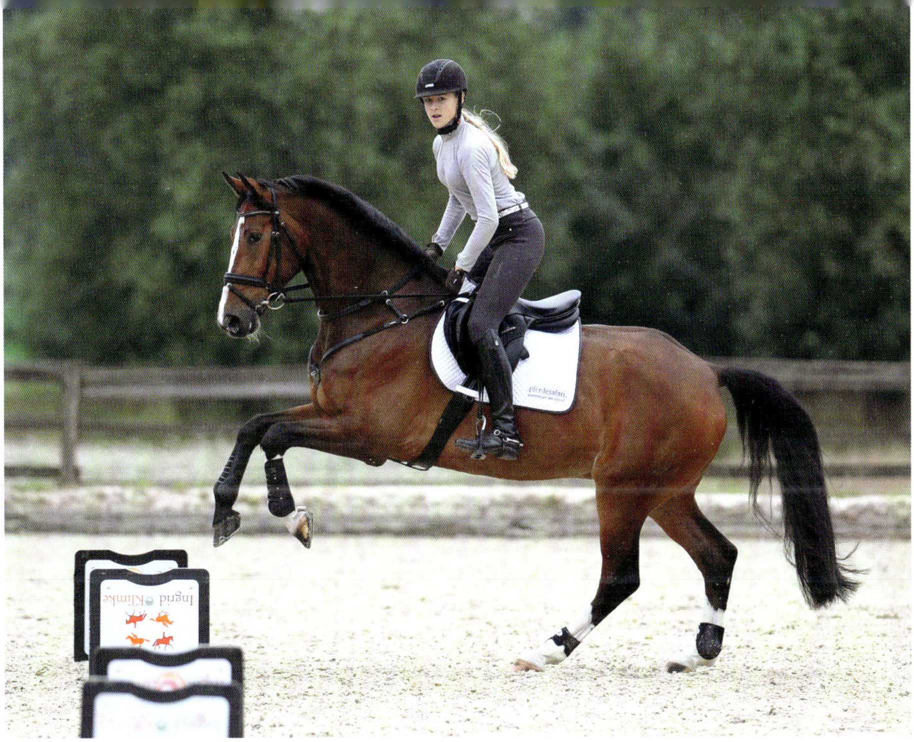

Vorausschauendes Reiten mit Blick zum nächsten Cavaletti auf der gegenüberliegenden Zirkelseite.

WAS LERNT DER REITER?

Die Verwendung von Cavaletti mit ihren vielfältigen Aufbaumöglichkeiten bietet viel mehr als nur eine willkommene Abwechslung. Der Reiter wird geschmeidiger und lernt, losgelassen in die Bewegung des Pferdes einzugehen.

Und damit sind wir beim praktischen Wert der Cavaletti-Arbeit für die Ausbildung des Reiters angelangt. Jeder Reiter steht am Anfang vor der Herausforderung, sein Pferd durch den Sitz nicht zu stören. Fast jeder Anfänger neigt dazu, mit der Hand und mit dem Oberkörper zurückzugehen, wenn das Pferd eine unerwartete Bewegung macht. Gerade das Gegenteil ist aber richtig. Die Hände müssen nachgeben, damit das Pferd sich mit dem Hals ausbalancieren kann. Ein plötzliches Ziehen blockiert den Pferderücken, anstatt ihn zu entlasten. Deshalb muss der Reiter lernen, in solchen Situationen geschmeidig nach vorn in die Bewegung des Pferdes einzugehen. Voraussetzung dafür ist die Fähigkeit, sich mit fest anliegendem Knie und Unterschenkel unabhängig von der Bewegung des Pferdes im Gleichgewicht zu halten. Knieschluss und Ausbalancieren können am Anfang nicht genug geübt werden. Da die Springbewegung des Pferdes beim Galoppieren über Bodenricks nicht so groß ist wie beim Springen über ein Hindernis, kann die Arbeit mit Cavaletti hierfür besonders empfohlen werden. Außerdem schult sie das Gefühl für den schwingenden Pferderücken. Fortgeschrittene Reiter sollten die unterschiedlichen Übungen nutzen, durch Reiten über Bodenricks ihren Sitz zu schulen. Das Ziel, stets in voller Harmonie mit dem Pferd zu sein, ist viel zu hoch, als dass Sitzübungen überflüssig werden könnten. Springreiter könnten dabei zugleich ihr Gefühl für die richtige Distanz verbessern!

AUSBILDUNGSWERT FÜR DEN REITER

Die Arbeit mit Cavaletti unterstützt die Ausbildung aller Reiter. Sie macht Freude, festigt den Sitz und schult das reiterliche Gefühl.

DIE PRAKTISCHE AUSRÜSTUNG — *im Trainingsalltag*

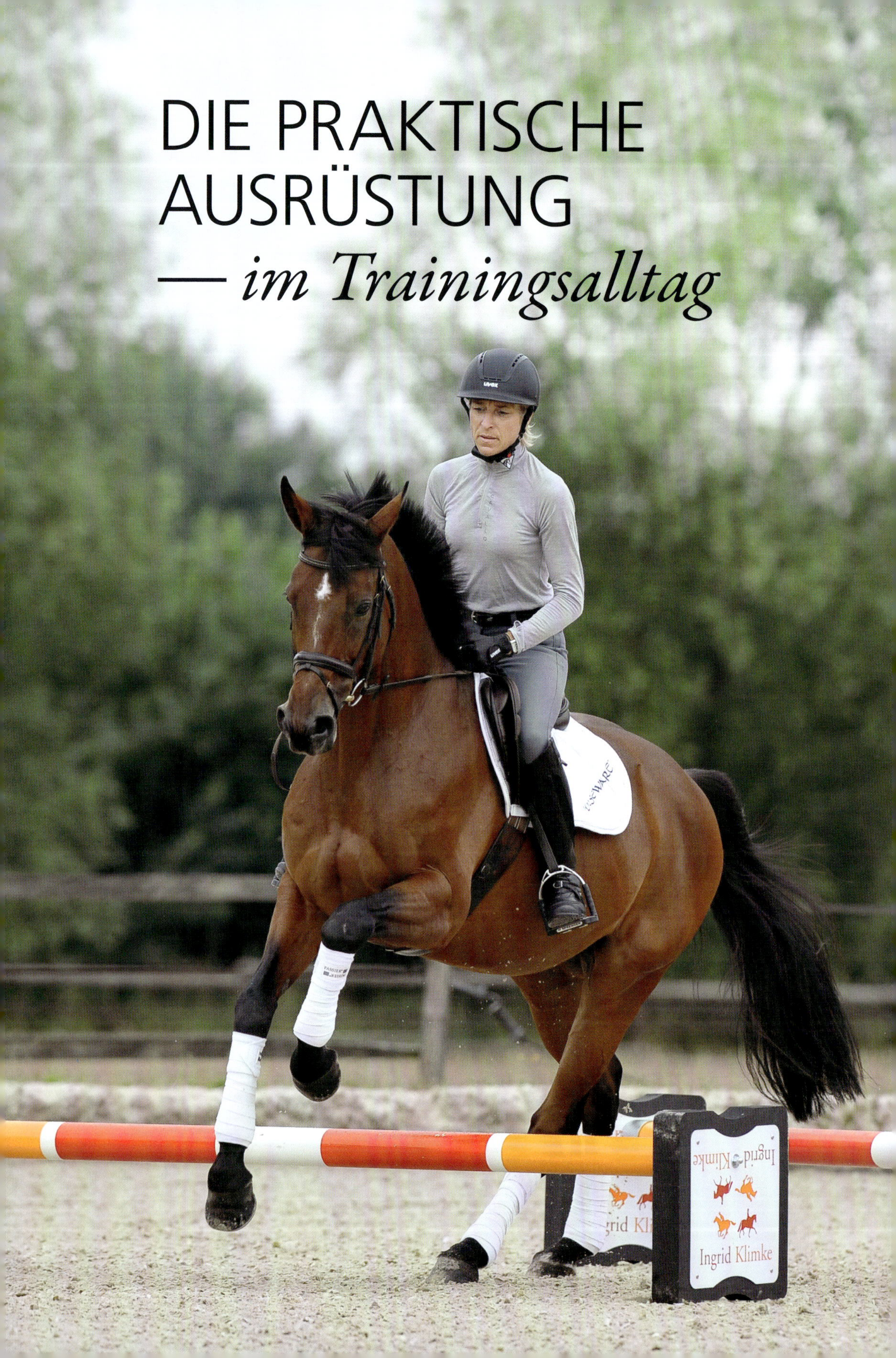

SICHERHEIT IST WICHTIG

Um die Gesundheit des Pferdes bei der Cavaletti-Arbeit optimal zu unterstützen, muss ich einige Grundregeln beachten. Dies gilt für die Beschaffenheit der Cavaletti, den korrekten Aufbau, die Bodenverhältnisse und die richtige Ausrüstung des Pferdes.

BODENRICKS IN VERSCHIEDENEN AUSFÜHRUNGEN

Wie sieht ein geeignetes Cavaletti aus? Bodenricks bzw. Cavaletti bestehen aus Holzstangen, die an beiden Enden auf niedrigen Ständern befestigt sind. Die Stangen sollen dick, rund und hart sein, damit sie nicht splittern und vom Pferd genügend beachtet werden. So werden beim Anstoßen unnötige Verletzungen vermieden.
Die günstigste Länge beträgt in der Regel 3 m. Je länger die Stangen sind, desto schwerer sind sie. Die Ständer an den Seiten findet man in drei verschiedenen Formen: rechteckig, quadratisch oder als Kreuz. Die rechteckigen Stützen lassen sich in der Höhe nicht gut verstellen. Dagegen haben die kreuzweisen und quadratischen Auflagen den Vorteil, dass sie in drei verschiedenen Höhen aufgebaut werden können. Außerdem ist darauf zu achten, dass die Cavaletti genügend schwer sind, da leichte Cavaletti zu schnell verrutschen. Für nicht geeignet halte ich Aluminiumstangen. Wenn ein Pferd daran anschlägt, entsteht ein lautes Geräusch, sodass Pferde leicht Angst bekommen können.

Der große Vorteil eines Würfelständers besteht darin, dass die Verletzungsgefahr reduziert wird. Wenn das junge Pferd an dem Cavaletti vorbeiläuft und die kreuzweisen Auflagen streift, kann es sich an den scharfen Kanten verletzen. Gerade für die Arbeit an der Longe haben die Würfel den Vorteil, dass die Longe sich nicht wie am Kreuz in ihnen verheddern kann. Die niedrigste Höhe beträgt 20 cm. Sie dient besonders der Schritt- und Trabarbeit, die mittlere Höhe ist für die fortgeschrittene Trabarbeit. Für Galopp empfiehlt sich das

3 CAVALETTI-HÖHEN

niedrig:	20 cm
mittel:	30 cm
hoch:	40 cm

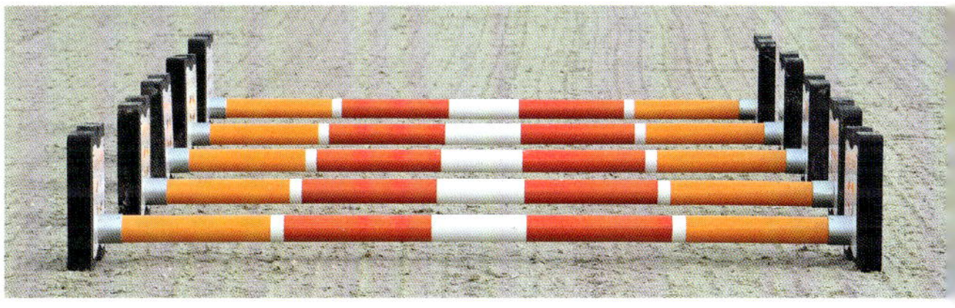

Die unterschiedlichen Farben und weißen Markierungen erleichtern dem Reiter das exakte Anreiten.

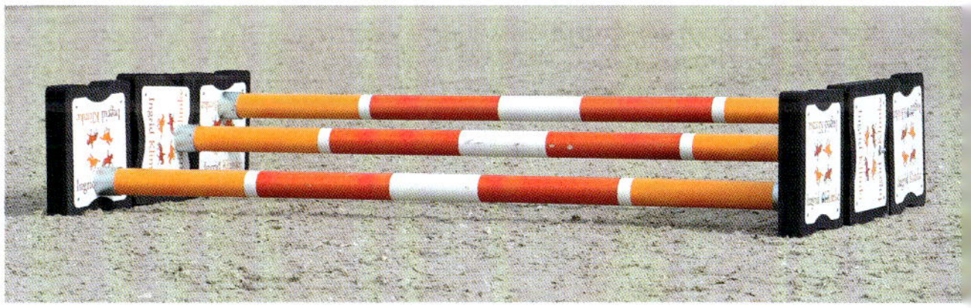

Cavaletti in drei verschiedenen Höhen, optimal zur Gymnastizierung in jeder Gangart

Verstellen auf 40 cm, damit in der Dressurarbeit dem Galoppsprung der nötige Ausdruck verliehen wird. Für die Springarbeit ist das höher gestellte Cavaletti am besten geeignet.

WICHTIG

Ich empfehle, mit 4 Cavaletti hintereinander zu arbeiten. Sollte ein Pferd stolpern oder aus dem Takt kommen oder das unerfahrene Pferd über alle Cavaletti springen, dann ist es bei 4 Cavaletti immer möglich, mit einem Satz unbeschadet aus der Reihe herauszukommen.

CAVALETTI-ERSATZ DURCH STANGEN

Wer keine Cavaletti besitzt, kann sie mit gewissen Einschränkungen auch durch einfache Stangen ersetzen. Stangen haben jedoch verschiedene Nachteile und sind deshalb – strenggenommen – kein richtiger Ersatz. Sie erreichen nicht die gewünschte Höhe von 15 – 20 cm und werden darum von den Pferden oft nicht genügend beachtet. Zum anderen verrutschen sie schneller, wenn die Pferdehufe dagegen stoßen. Schließlich können sie sogar gefährlich werden, falls ein Pferd darauf tritt, weil durch die wegrollende Stange zu leicht eine

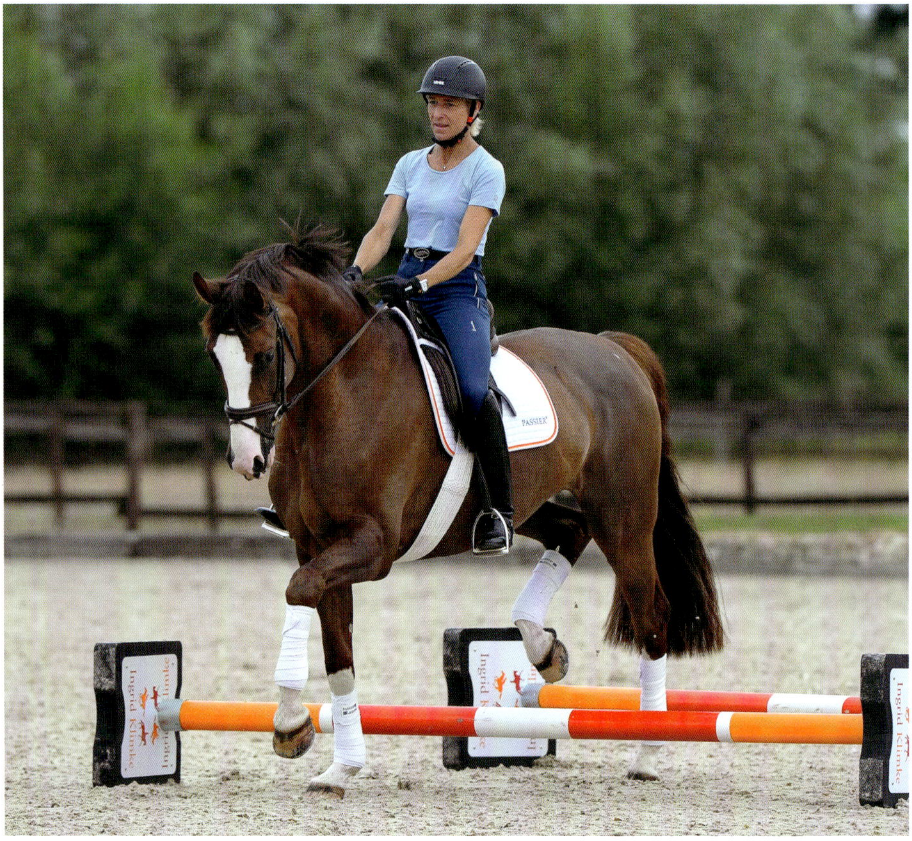

Ein federnder, nicht zu tiefer Sandboden ist optimal für die Cavaletti-Arbeit

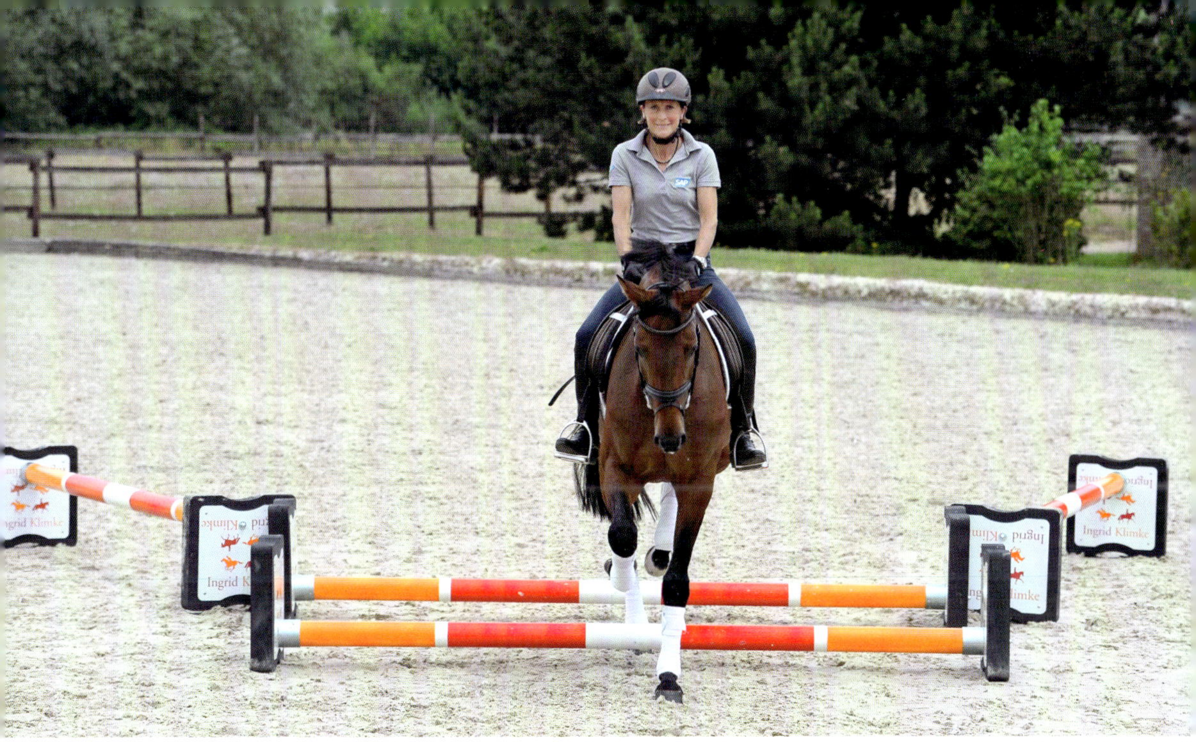

Cavaletti mit seitlicher Begrenzung

Verletzung verursacht werden kann. Deshalb empfehle ich, aus Sicherheitsgründen Cavaletti zu verwenden. Es genügt, wenn man vier Bodenricks zur Verfügung hat. Mit acht Cvaletti kann man natürlich wesentlich effektiver arbeiten, besonders mit fortgeschrittenen Reitern und Pferden. Für junge Pferde schafft man noch eine seitliche Begrenzung durch Fänge oder Cavaletti in Längsrichtung.

BODENVERHÄLTNISSE

Von entscheidender Bedeutung ist die Frage der Bodenverhältnisse, die häufig leider viel zu sehr vernachlässigt wird. Die Intensität des Trainings richtet sich nicht nur nach der Anzahl der Cavaletti und der Dauer der Übung, sie ist auch von der Beschaffenheit des Untergrundes abhängig. Zu tiefer Boden erhöht die Belastung besonders der Bänder und Sehnen des Pferdes. Sehr harter Boden federt nicht und überlastet die Gelenke. Optimal ist ein nicht zu tiefer Sandboden. Dieselben Kriterien gelten auch für Grasböden. Es ist ratsam, kleine Stollen zu verwenden, damit die Pferde nicht rutschen können. In jedem Fall muss jedoch beachtet werden, dass die Cavaletti auf ebenem Untergrund stehen, der keine Löcher hat, damit die Pferde vertrauensvoll und losgelassen zutreten können. Nur dann ist ein sinnvolles und aufbauendes Training möglich.

DIE AUSRÜSTUNG DES PFERDES

Es ist wichtig, die Pferdebeine durch Gamaschen oder Bandagen zu schützen. Sprungglocken hingegen benutze ich nur in Ausnahmefällen, wenn die Pferde dazu neigen, sich zu greifen und die Eisen abzutreten. Zäumung und Sattel verändere ich für die Arbeit mit Cavaletti nicht. Oft schnalle ich die Bügel ein bis zwei Loch kürzer. Hilfszügel sind nicht angebracht. Besonders beim Zügel-aus-der-Hand-kauen-lassen soll das Pferd seinen Hals über den Bodenricks vorwärts-abwärts dehnen. Ausnahmen gibt es beim Longieren über Cavaletti.

CAVALETTI-ARBEIT
— *ohne Reiter*

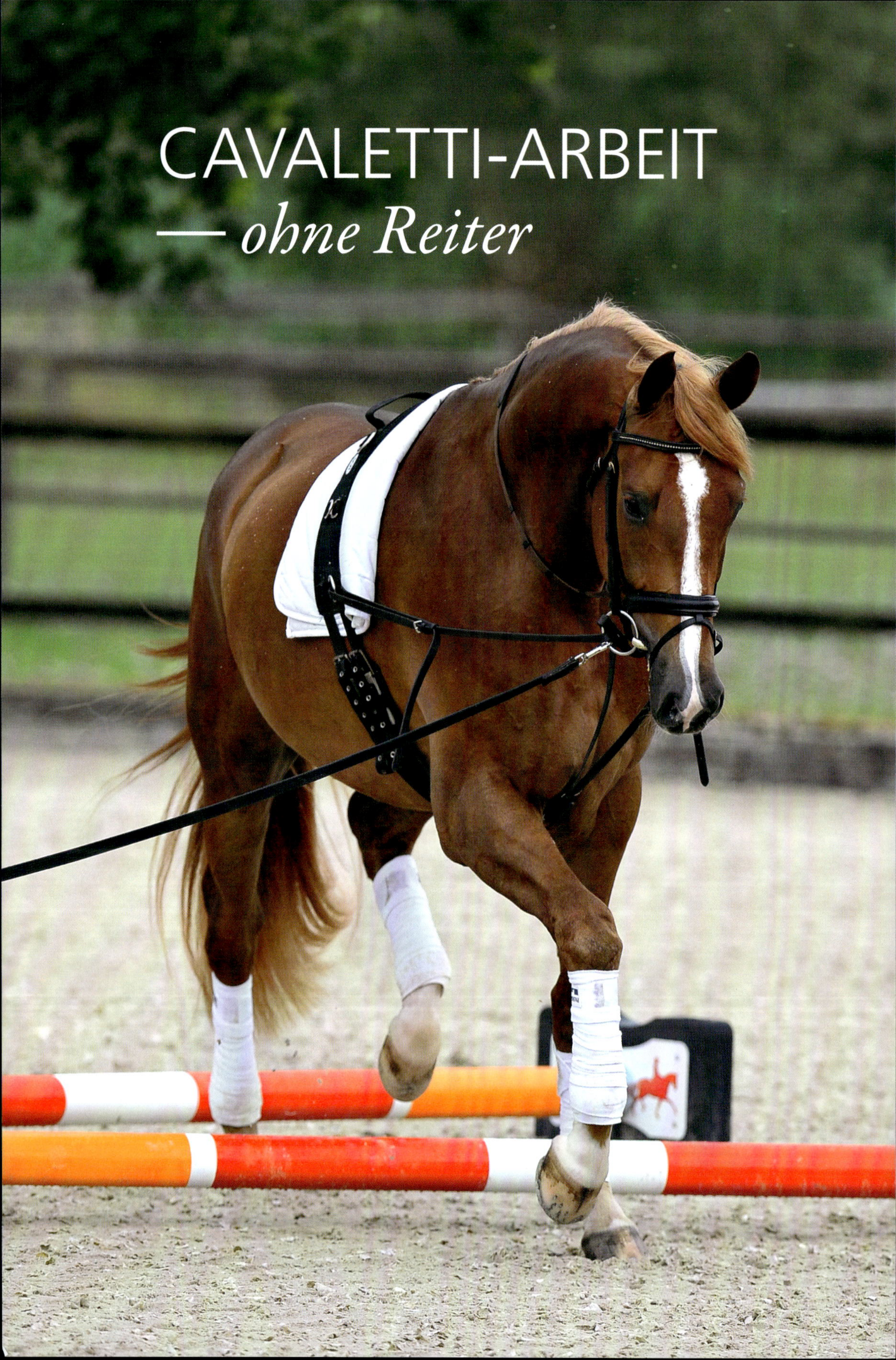

CAVALETTI-ARBEIT AN DER LONGE

Der Vorzug der Longenarbeit über Cavaletti besteht in der Möglichkeit, einseitige Steifheiten des Pferdes im Hals und Rumpf zu beseitigen. Durch die Einstellung des Pferdekörpers auf die Kreislinie wird die innere Seite rund oder – wie man auch sagt – hohl gemacht, wodurch die äußeren Hals- und Rumpfmuskeln gedehnt werden. Der innere Hinterfuß wird zum vermehrten Tragen und Untertreten veranlasst. Die Länge der Tritte kann durch Vergrößern oder Verkleinern des Zirkels ohne Umbau der Cavaletti beliebig verändert werden.
Beim Longieren über Bodenricks muss der Longenführer aufpassen, dass die Longe sicher ansteht. Die durchhängende Longe kann sonst an den Ständern hängen bleiben. Besonders wenn das Pferd in Dehnungshaltung den Hals fallen lässt, muss der Longenführer aufmerksam sein. Die niedrigen Blöcke (siehe Fotos S. 19 ff.) sind zum Longieren besser geeignet. Bei mangelnder Wachsamkeit bleibt die etwa 7 m lange Longe leicht an den Ständern der Cavaletti hängen. Die Zirkellinie muss unbedingt eingehalten werden, weil der Abstand zwischen den Bodenricks größer oder enger wird, sobald das Pferd die vorgesehene Zirkellinie verlässt. Der Longenführer muss achtsam und konzentriert sein. Er muss sein Pferd sicher zwischen Longe und Peitsche an den Hilfen haben. Durch den Einsatz von Bodenricks mit rechteckigen oder quadratischen Ständern kann ein Hängenbleiben der Longe verhindert werden. Der Reiter/Longenführer muss sein Pferd sicher an den Longenhilfen haben, bevor er über Cavaletti longiert.

AUFBAU DER CAVALETTI

Für das Longieren über Cavaletti ist der Aufbau mit 4 Cavaletti empfehlenswert. Man stellt zuerst nur ein Cavaletti auf den Hufschlag des Zirkels. Dann ergänzt man schrittweise, bis 4 Cavaletti auf der Zirkellinie aufgebaut sind – anfangs auf dem Hufschlag mit äußerer Begrenzung, später auf der freien Linie. Auch das Ablongieren über Cavaletti vor dem Reiten kann bei einigen Pferden sinnvoll sein.

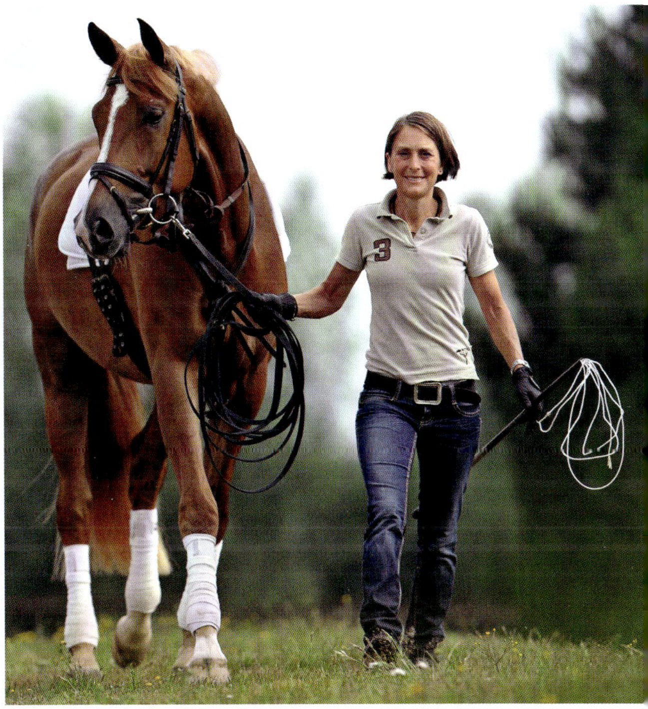

Es kann losgehen – bereit zum Longieren.

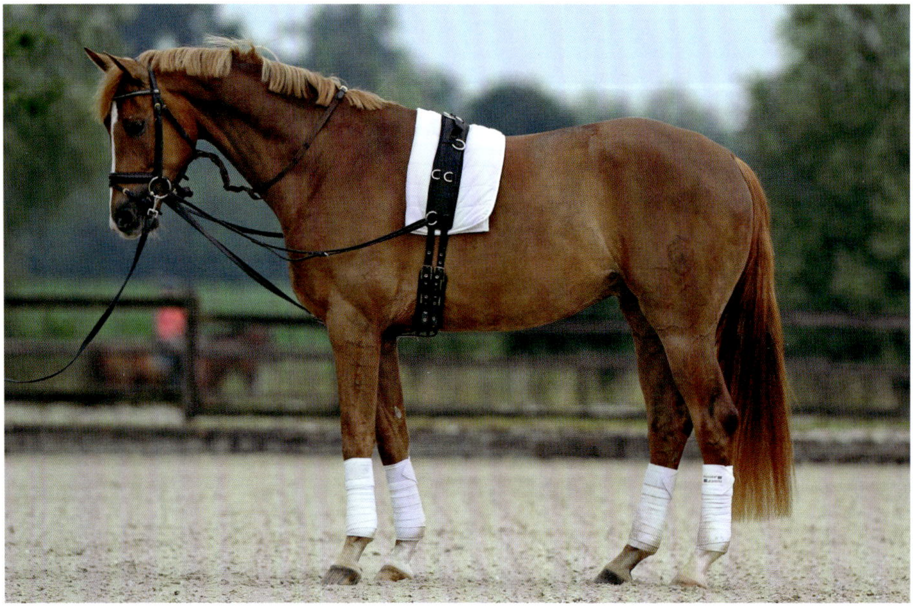

So sieht die Ausrüstung zum Longieren aus.

Für die Ausbildungsarbeit, deren Ziel es ist, das Pferd zu gymnastizieren, hat sich nach meinen Erfahrungen der unten skizzierte Aufbau am besten bewährt. Er braucht während der Ausbildungsstunde nicht verändert zu werden, setzt allerdings voraus, dass die Pferde bereits Cavaletti kennen und folglich sogleich die Überwindung mehrerer Bodenricks verlangt werden kann. Der mittlere Kreis dient zum Longieren ohne Cavaletti. Der rechte Zirkel ist für die Trabarbeit und der linke für die Schrittarbeit vorgesehen. Wichtig ist, dass die Bodenricks fächerförmig aufgestellt

Auf der Zirkellinie kann der Longenführer für jedes Pferd die passenden Cavaletti-Abstände individuell wählen.

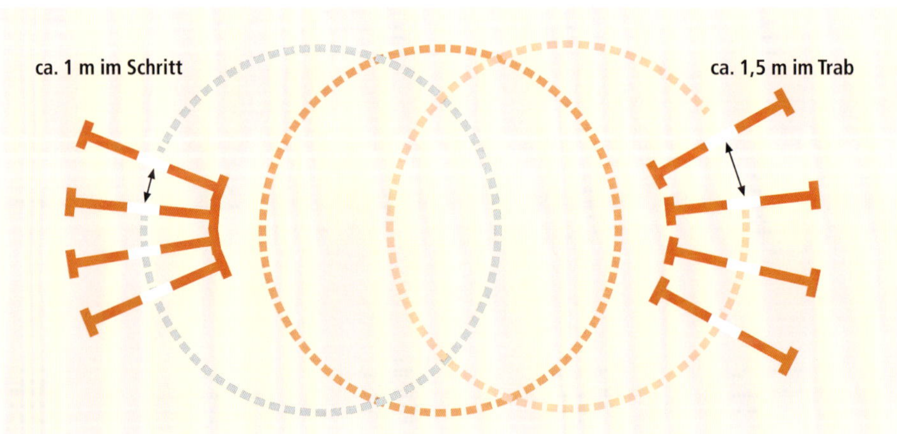

Cavaletti-Aufbau für Longenarbeit

werden, damit sie dem Bewegungsrhythmus auf der gebogenen Linie angepasst sind.
Der Abstand für Trab beträgt in der Regel ca. 1,5 m in der Mitte der Cavaletti gemessen, sodass hinreichend Spielraum für eine Verlängerung oder Verkürzung der Trabtritte besteht. Die niedrigste Höhe von 20 cm genügt.
Im Mittelschritt soll der Abstand in der Mitte 1 m sein. Durch die Verbindung der Longe zum Pferdemaul, die treibende Peitschenhilfe und die nahe Entfernung zum Longenführer lässt sich das Schritttempo fleißig halten.

1. PHASE: ABLONGIEREN OHNE CAVALETTI

Auch das Longieren über Cavaletti muss durch lösende Übungen vorbereitet werden. Begonnen wird mit mindestens 10 Minuten Schritt ohne Ausbindezügel. Entweder wird das Pferd geführt oder es geht im fleißigen Schritt an der Longe. Danach lässt man das Pferd zunächst mit leichter Anlehnung ausgebunden oder bei erfahrenen Pferden ohne Ausbindezügel im Trab oder Galopp etwa 5 – 10 Minuten auf dem mittleren Zirkel an der Longe abtraben und abgaloppieren.

2. PHASE: ANLEGEN DER AUSBINDEZÜGEL

Nach kurzem Handwechsel und Ablongieren auf der anderen Hand folgt das Anlegen der Ausbindezügel. Hierbei ist zu berücksichtigen, dass die Pferde auf der gebogenen Linie gehen sollen. Der innere Ausbindezügel muss daher 5 – 10 cm kürzer verschnallt werden als der äußere.
Der äußere Ausbindezügel dient dazu, die Innenstellung zu begrenzen und ein Ausweichen über die äußere Schulter zu verhindern. Der äußere Zügel muss infolgedessen stets mit anstehen. Die Ausbindezügel sind – wie bei der Arbeit auf geraden Linien – rechts und links am Sattelgurt unterhalb des Sattelblattes, bzw. am Longiergurt zu befestigen, damit das Pferd seinen Hals über den Bodenricks vorwärts-abwärts dehnen kann.
Danach ist auch die Länge der Ausbindezügel auszurichten, die im Laufe der Stunde je nach Bedarf mehrfach berichtigt werden kann. Hier wie auch im Freilaufen ist ein Longiergurt dem Sattel vorzuziehen, weil in seine Ringe die Ausbinder fest eingehakt werden können. Beim Befestigen am Sattel muss man aufpassen, dass die Ausbindezügel nicht nach unten rutschen können.
Für das Einschnallen der Longe gibt es mehrere Möglichkeiten: Ich halte es für sinnvoll, sie am inneren Trensenring zu befestigen, und zwar bei jungen Pferden ebenso wie bei erfahrenen älteren. Man erhält eine viel weichere Verbindung zwischen Longe und Pferdemaul, und das Gebiss kann beim ausgebundenen Pferd auch nicht seitlich aus dem Pferdemaul gezogen werden.
Ein Verbindungssteg zwischen den beiden Trensenringen, eine sogenannte Brille, in die die Longe eingehängt wird, ist dann zu empfehlen, wenn das Pferd nicht ausgebunden ist.

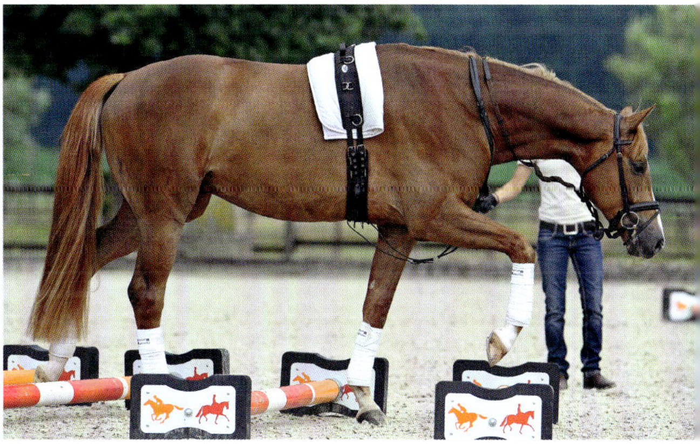

Im Schritt lässt das Pferd den Hals auch ohne Ausbindezügel fallen. Im zweiten Schritt wird das Pferd ausgebunden.

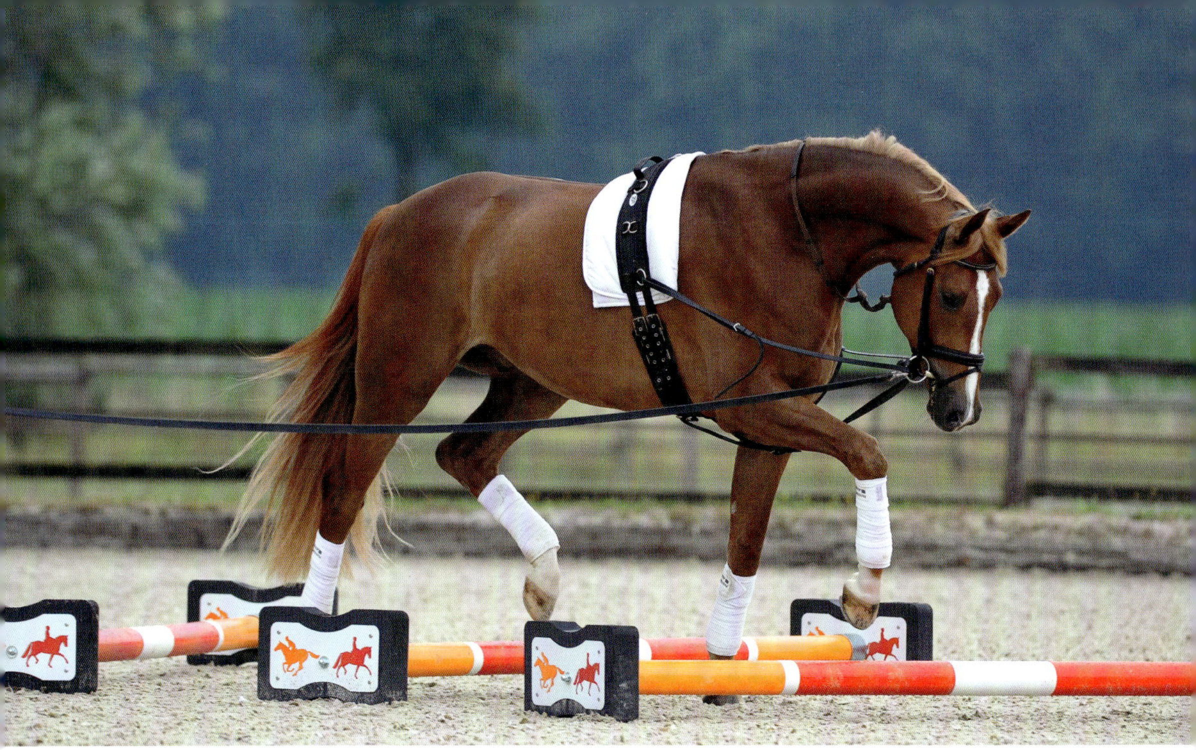

Das Pferd trabt entspannt in guter Dehnungshaltung.

Im Anschluss an das Ausbinden folgen einige Übungen (beispielsweise Trab-Galopp-Übergänge) auf dem mittleren Zirkel. Das Pferd wird durch treibende Hilfen mit Longierpeitsche und Stimme dazu veranlasst, den Hals im Trab und Galopp fallen zu lassen und eine vertrauensvolle Anlehnung an das Gebiss zu nehmen. Wenn das auf beiden Händen erreicht ist, werden die Cavaletti hinzugenommen.

3. PHASE: LONGIEREN ÜBER CAVALETTI

Das junge Pferd muss zunächst mit dem Bodenrick vertraut gemacht werden. Daher beginnt man beim ersten Mal lediglich mit einem Cavaletti und lässt es mehrmals in beliebiger Gangart darübertreten. Wenn die Aufregung nachlässt, fügt man weitere Cavaletti an, bis der in der Abbildung auf S. 18 beschriebene Aufbau erreicht ist. Ob man mit Schritt- oder Trabcavaletti beginnt, ist individuell und vom Pferdetyp abhängig zu entscheiden.

Nach einer kurzen Pause, in der man Gelegenheit hat, das Pferd zu loben und die Ausbindezügel zum Handwechsel neu zu verschnallen, wird die Ausbildung auf der anderen Hand fortgesetzt, wobei nunmehr gleich die Überwindung mehrerer Cavaletti verlangt werden kann. Bei Pferden, die Cavaletti schon kennen, kann man die Vorzüge des schon beschriebenen Aufbaus mehrerer Cavaletti von Anfang an ausnutzen. Nachdem man die Pferde zur Vorbereitung auf dem Mittelzirkel longiert hat, wird der Longierkreis nach außen verlegt. Darin liegt bereits eine Schwierigkeit. Es muss gleich von vornherein gelingen, das Pferd an die Mitte der Cavaletti heranzuführen, damit es den passenden Abstand vorfindet. Wenn das Pferd schon beim ersten Mal durch falsches Heranbringen aus dem Tritt gebracht wird, ist das Vertrauen gestört und es wird

> Das Pferd soll losgelassen und in lockerer Dehnungshaltung über die Cavaletti treten.

schwierig, ein ruhiges, losgelassenes Treten zu erzielen.
Wie aber wird der Zirkel vergrößert? Indem man die Longe durchgleiten lässt und die Peitsche in Richtung auf die Schulter des Pferdes bewegt. Zur Unterstützung kann man einige Schritte in Richtung des Pferdes gehen, sodass man das Pferd dadurch nach außen treibt. Das Erweitern des Kreisbogens sollte einige Male auf dem Mittelzirkel geübt werden, bevor man das Pferd über die Cavaletti gehen lässt. Hierbei ist zu sehen, dass der innere Hinterfuß durch das vermehrte Abfußen weit unter den Schwerpunkt tritt. Auf der Zirkellinie ist das ganze Pferd gebogen und ohne Reitergewicht schwingt die Bewegungszentrale, der Rücken. Der Bewegungsablauf des Pferdes muss sorgfältig beobachtet werden. Ich empfehle, nach fünf- bis achtmaligem Traben über die Cavaletti wieder den Mittelkreis einzunehmen, um nach einigen Runden erneut nach außen zu gehen. Der ständige Wechsel zwischen dem mittleren Zirkel und dem Überwinden der Bodenricks im Schritt und Trab ist es, der das Pferd geschmeidig macht und die Muskeln schult. Selbst wenn beabsichtigt ist, eine einseitig vorhandene Steifheit des Pferdes zu lösen, darf der Handwechsel nicht vergessen werden. Ich habe die Erfahrung gemacht, dass sich Pferde nach einer kurzen Schrittpause mit Handwechsel viel leichter entspannen, als wenn man ständig die schwierige Seite bearbeitet.
Die Außenbahn der Cavaletti-Zirkel, auf der die Abstände weiter sind, sollte erst benutzt werden, wenn das Pferd genügend Erfahrung und Geschicklichkeit gesammelt hat. Im Laufe der Zeit wird der Kontakt zwischen Longenführer und Pferd enger werden. Wichtig ist, mit der Stimme Vertrauen zu festigen. Im Laufe des Longierens braucht das Pferd immer weniger Hilfen und lässt sich leicht führen. Dann bereitet die Arbeit echte Freude und ist für die spätere Reiterei ein wertvoller Gewinn.

ÜBUNGSDAUER

Eine Dauer von insgesamt 20 Minuten sollte für das Longieren über die Bodenricks nicht überschritten werden, sodass sich die Ausbildungsstunde wie folgt aufgliedert: 10 Minuten Schritt, 5 bis 10 Minuten Abtraben ohne Ausbindezügel, 5 bis 10 Minuten ausgebunden ohne Cavaletti und 20 Minuten im Trab und Schritt über Bodenricks. Am Schluss geht das Pferd wieder ohne Ausbindezügel im Schritt. Ich empfehle, einmal wöchentlich das Pferd über Cavaletti zu longieren und die Intensität dem Ausbildungsstand des Pferdes anzupassen.

VORTEILE

— Das wöchentliche Longieren und das Ablongieren vor dem Reiten werden über Cavaletti noch wertvoller.
— Es entsteht keine Eintönigkeit beim Longieren. Das Pferd muss mitdenken und ist gefordert, sich aufmerksam zu koordinieren.
— Das Pferd lernt, ohne Reitergewicht losgelassen und ausbalanciert über die Cavaletti zu traben.
— Die Lockerung der gesamten Muskulatur, die Elastizität der Bänder und Faszien sowie die Koordination werden ebenso angesprochen wie die Kondition und die Kräftigung der Muskeln, Bänder und Faszien.
— Durch das erhöhte Abfußen über die Cavaletti werden Muskeln, Bänder und Faszien angesprochen, die ohne Cavaletti-Arbeit nicht zum Einsatz kommen.

Das Longieren über Cavaletti ist eine wertvolle Ergänzung zum Training mit Cavaletti unter dem Reiter.

CAVALETTI-ARBEIT

— *mit Reiter auf geraden Linien*

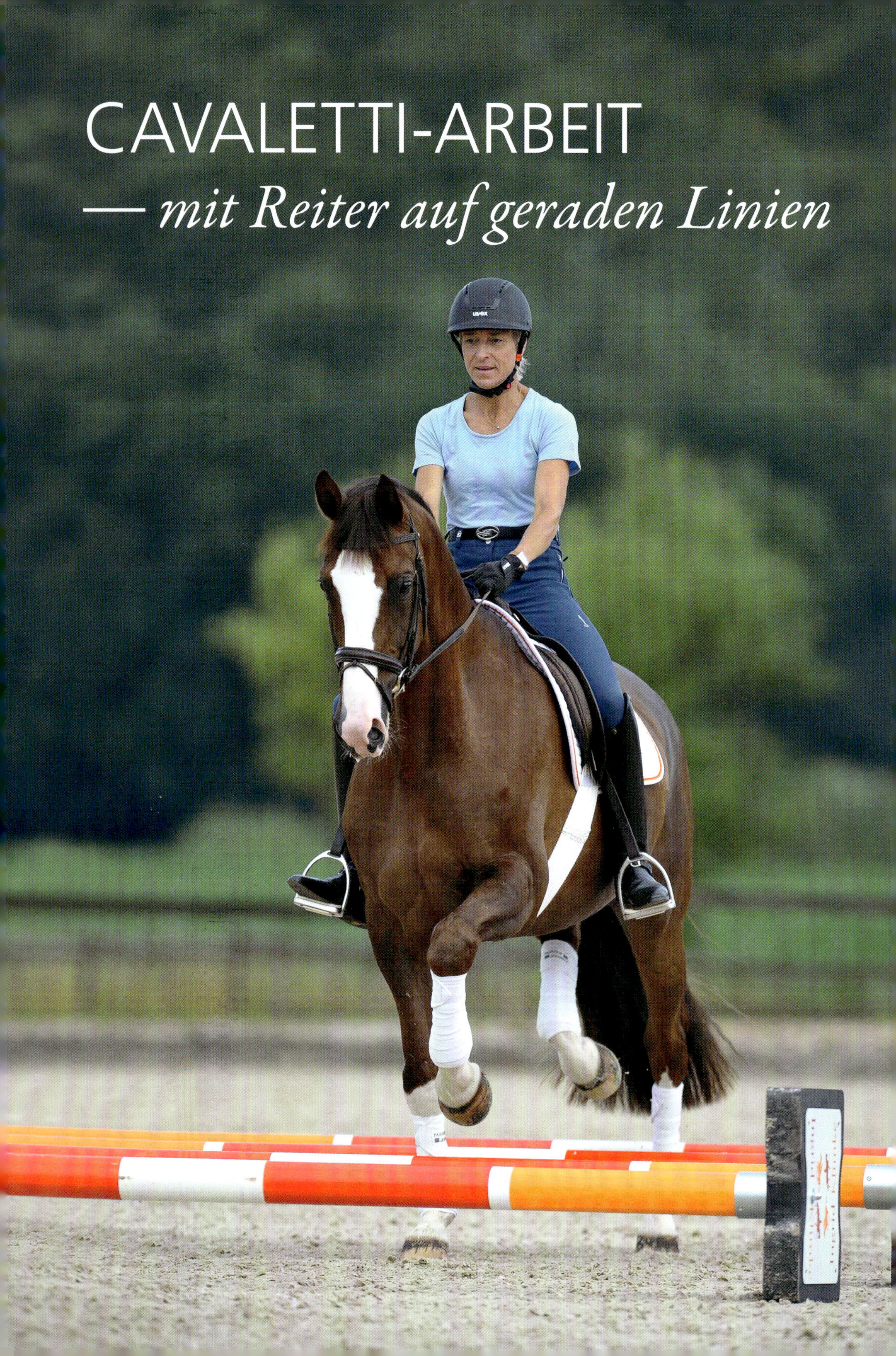

DIE GRUNDLAGEN UNTER DEM REITER

Die Arbeit unter dem Reiter bildet den Schwerpunkt der Ausbildung über Cavaletti. Die Cavaletti können bei allen Pferden in jedem Teil der Ausbildungseinheit wertvoll zum Einsatz kommen.

GRUNDSCHULE AUF GERADEN LINIEN

Zu Pferde gilt es nun, sich die an der Longe gesammelten Erfahrungen nutzbar zu machen. Reiter und Pferd können sich mit den vielen möglichen Cavaletti-Übungen vertraut machen. Der Einstieg dafür ist das Reiten über Cavaletti auf geraden Linien.

VERSCHIEDENE FORMEN DES CAVALETTI-AUFBAUS

Vor jeder Reitstunde sollte man sich kurz Gedanken über das machen, was man im Laufe der Stunde erreichen möchte, und den dazu passenden Cavaletti-Aufbau wählen. Nach meinen Erfahrungen haben sich für

ABMESSUNGEN

Mittelschritt:	ca. 1,0 m
Trab:	ca. 1,5 m

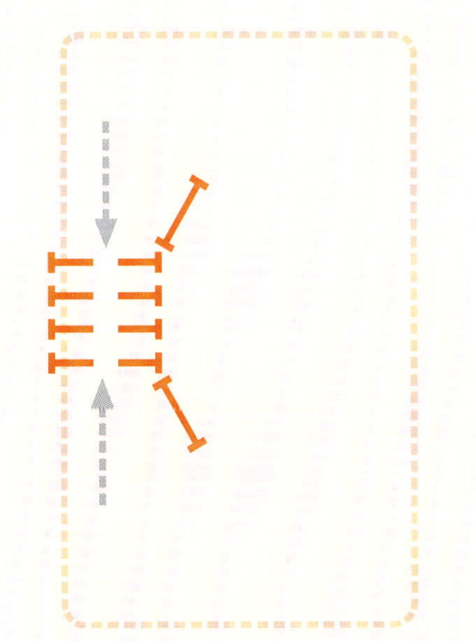

Cavaletti-Aufbau an der Bande mit seitlicher Begrenzung für unerfahrene Pferde

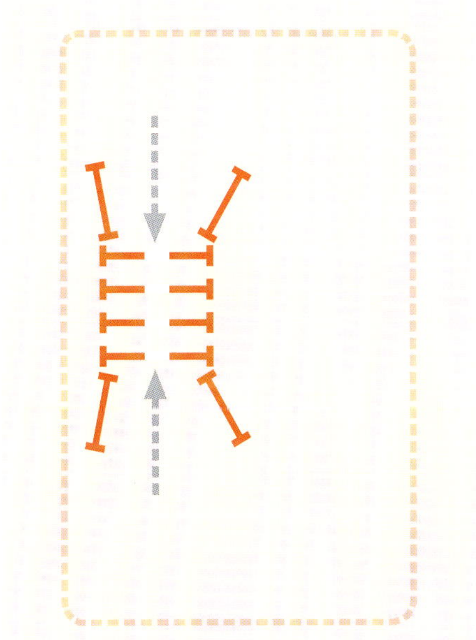

Cavaletti-Aufbau neben dem ersten Hufschlag mit seitlicher Begrenzung für unerfahrene Pferde

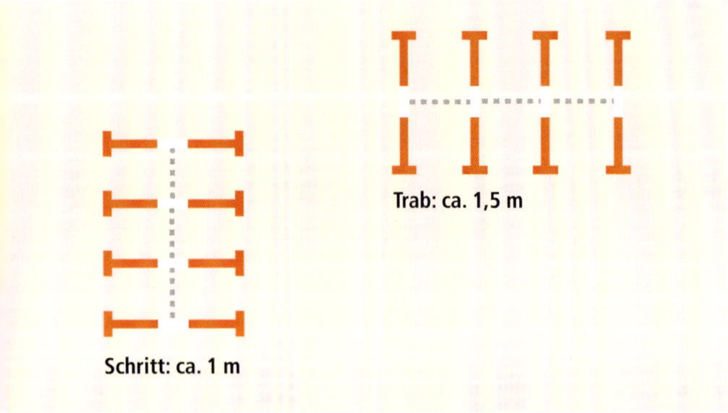

Aufbau im Schritt an der kurzen, im Trab an der langen Seite

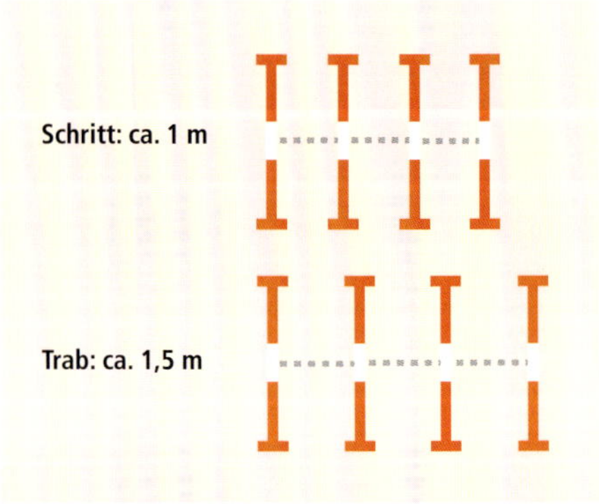

Cavaletti-Aufbau für Trab und Schritt zugleich

die Arbeit auf geraden Linien fünf verschiedene Aufbauformen bewährt, die im Folgenden kurz erörtert werden sollen.

Der einfachste Aufbau ist das Aufstellen mehrerer Cavaletti hintereinander unmittelbar an der Bande einer langen Seite oder – im Freien – unmittelbar an der Reitplatzeinfassung, senkrecht zum Hufschlag. Der Vorteil besteht darin, dass die Pferde dann auf dem gewohnten Hufschlag bleiben können und daher nicht so leicht versuchen werden, seitwärts auszuweichen. Infolgedessen braucht der Reiter auch weniger auf sein Pferd zu achten, und kann sein Augenmerk vermehrt auf den eigenen Sitz richten. Reiter und Pferde mit weniger Erfahrung über Cavaletti sollten daher zunächst auf diese Art und Weise mit den Bodenricks vertraut gemacht werden.

Etwas schwieriger ist bereits die Überwindung von Cavaletti, die innen neben dem Hufschlag aufgestellt sind. Sie erfordern aber auch jedes Mal ein Abwenden vom Hufschlag. Zur Erleichterung können die Seiten für unerfahrene Pferde mit Fängen eingefasst werden.

Es kann darauf verzichtet werden, wenn man junge Reiter auf älteren Pferden vor die Aufgabe stellen will, das Pferd vom Hufschlag abzuwenden und über die freistehenden Cavaletti zu reiten.

Nur eine geringfügige Abweichung bedeutet der Aufbau auf der Mittellinie, den ich für besonders geeignet halte, weil er die Möglichkeit bietet, jeweils mit Handwechsel durch die Länge der Bahn von beiden Händen über die Ricks zu reiten.

Vermehrte Aufmerksamkeit erfordert das Reiten über Cavaletti in der Diagonalen. Erfahrungsgemäß fällt es hier am schwersten, geradeaus zu reiten. Wer acht Cavaletti hat, wird sich Cavaletti für Trab und Schritt zugleich aufbauen, um das Umbauen während der Reitstunde zu vermeiden. Dabei ist zu entscheiden, ob man die Bodenricks auf der langen Seite neben dem Hufschlag, neben der Mittellinie (Abb. oben rechts) oder an der kurzen Seite sowie an der langen Seite (Abb. oben links) aufbaut. Letztlich ist es Sache des Ausbilders, im Laufe der Zeit für jeden Reitschüler und jedes Pferd die beste Form des Cavaletti-Aufbaus zu finden.

CAVALETTI-ARBEIT IM SCHRITT

Die ersten Reitversuche über Bodenricks sind dem Schritt vorbehalten, weil sich das Pferd in dieser Gangart am sichersten anreiten lässt. Man beginnt mit einem Cavaletti und reitet das Pferd am längst möglichen Zügel. Die treibenden Hilfen richten sich nach dem Vorwärtsdrang des Pferdes. Zögert das Pferd beim ersten Anreiten, treibt der Reiter und unterstützt mit der Stimme. Am besten klappt es, wenn das junge Pferd einem erfahrenen Führpferd folgen kann. Der Oberkörper des Reiters soll ein wenig nach vorn geneigt sein, damit er bei einem möglichen Sprung des Pferdes nicht im Rücken stört. Bleibt das Pferd ruhig, wird im Abstand von 1,0 m ein zweites Bodenrick aufgestellt, kurz darauf ein drittes, dann ein viertes, bis der vorgesehene Aufbau erreicht ist.

Ich habe es oft erlebt, dass die Pferde beim Anblick mehrerer Bodenricks hintereinander unruhig wurden. Sie beruhigten sich aber sofort wieder, wenn ich ein oder zwei Cavaletti wegnehmen ließ. Hier war die Steigerung zu plötzlich gekommen.

Die wichtigsten Punkte, die der Reiter zu beachten hat, sind zusammengefasst:

— Geradeausreiten,
— Fleißiges Tempo,
— Sichere Anlehnung und tiefe Hände,
— Eingehen mit dem Oberkörper in die Bewegung des Pferdes.
— Erfahrenes Führpferd geht voraus.

Nach wenigen Minuten konnten die restlichen Bodenricks erneut aufgestellt werden. Sind die Pferde an Bodenricks schon gewöhnt, können sie den fertigen Aufbau gleich von Anfang an bewältigen. Bei den ersten Malen reite ich in sicherer Anlehnung.

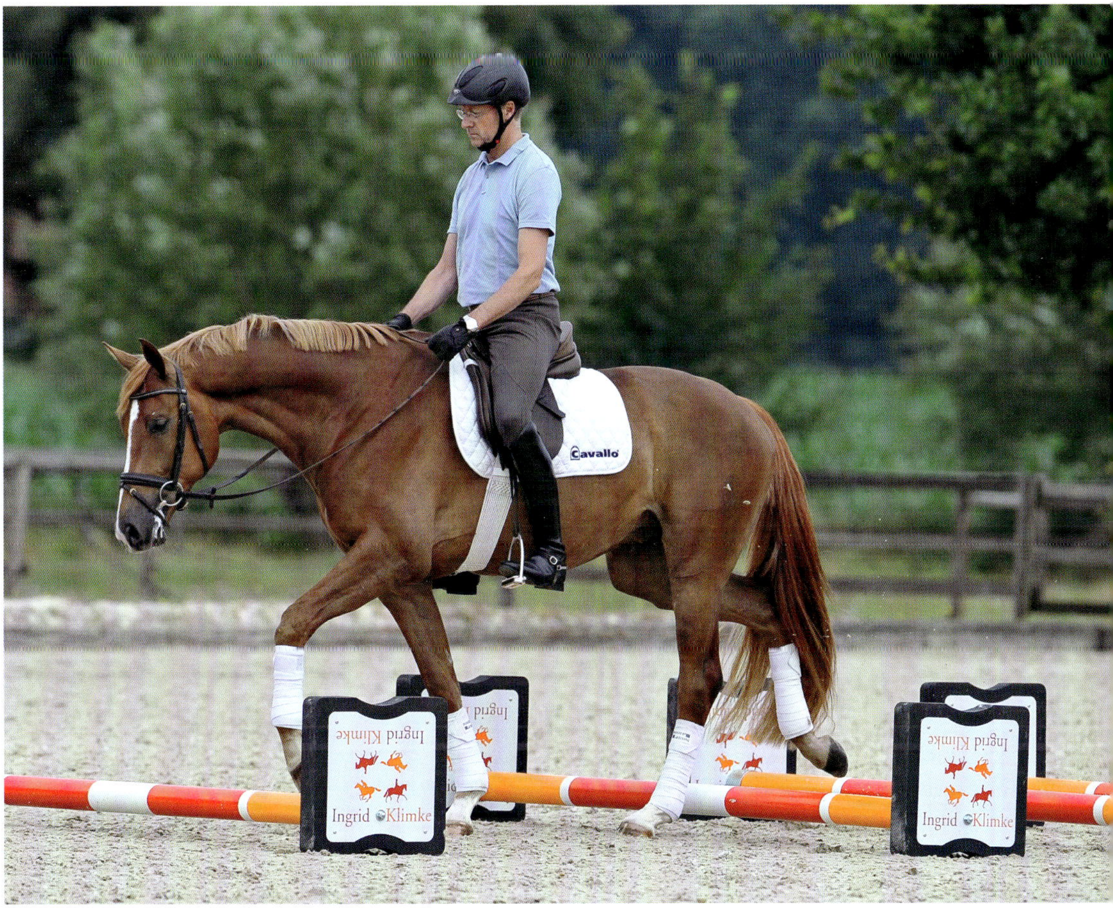

Cavaletti-Aufbau im Schritt mit Zwischenschritt, geritten mit hingegebenem Zügel

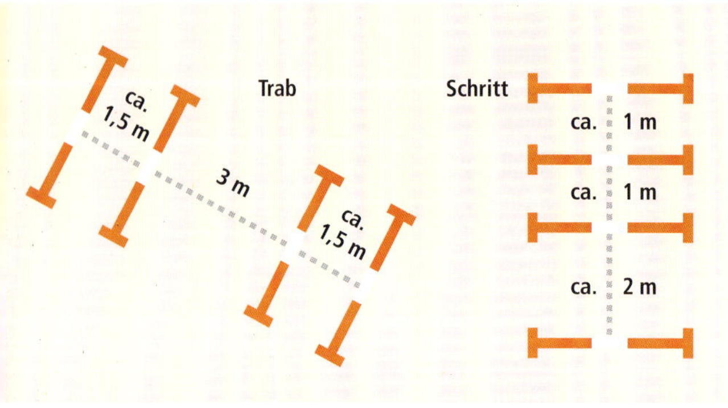

Aufbauvarianten mit Zwischentritt für Schritt und Trab

Danach reite ich Schritt mit hingegebenem Zügel. Das Pferd soll sich frei und ungehindert ausbalancieren können. Schreitet es gleichmäßig über die einzelnen Ricks, ist der Zwischenabstand richtig; andernfalls muss der Abstand korrigiert werden. Besonders im Schritt muss ich die Abstände individuell an die Schrittlänge des Pferdes anpassen.

Das gleichmäßige Schreiten über Bodenricks festigt die natürliche Fußfolge des Schritts. Bekanntlich soll das Pferd in dieser Gangart jeden Huf einzeln aufsetzen, und zwar in der Folge:

1. rechter Vorderfuß,
2. linker Hinterfuß,
3. linker Vorderfuß,
4. rechter Hinterfuß.

Eine weitere Übung ist das Reiten über Cavaletti mit Zwischentritt. Zu diesem Zweck wird in der Mitte ein Cavaletti aus der Reihe herausgenommen, sodass die Pferde einmal einen Schritt bzw. Tritt ohne Cavaletti machen müssen. Eine weitere Variante ist, den Zwischentritt nach dem ersten Bodenrick einzubauen (siehe Abb. links). Dadurch wird die Aufmerksamkeit erhöht und die Pferde lernen taxieren.

TRAININGSEFFEKT

- Festigen der Fußfolge
- Erlernen des Taxierens bei Cavaletti mit Zwischentritt

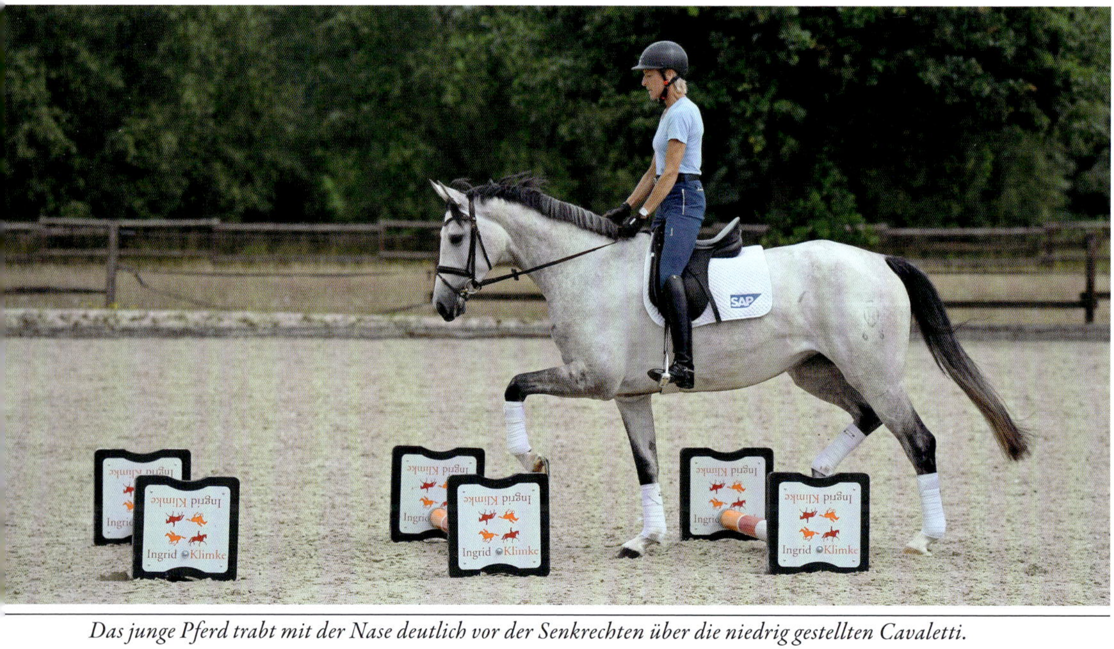

Das junge Pferd trabt mit der Nase deutlich vor der Senkrechten über die niedrig gestellten Cavaletti.

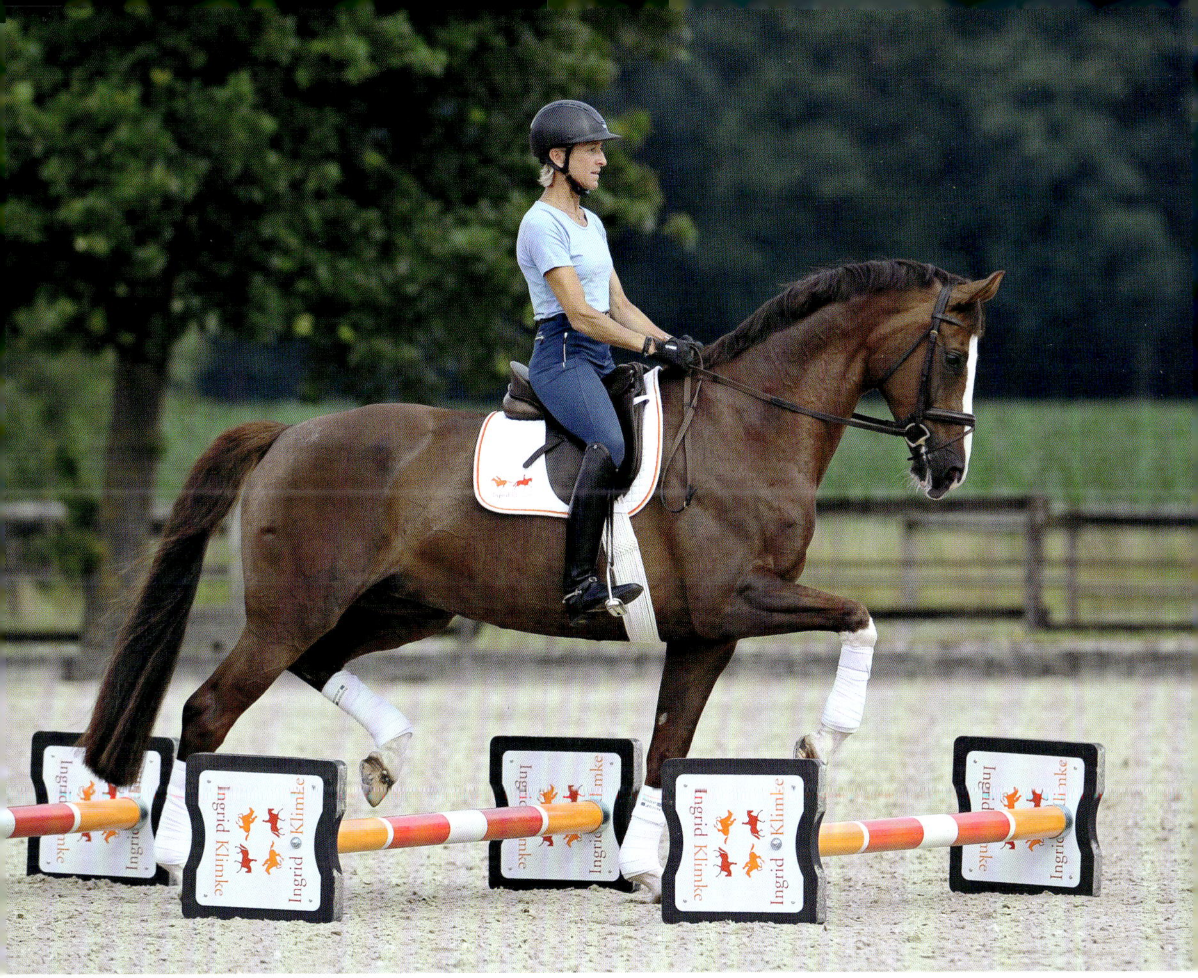

Versammelter Tab im Aussitzen. Die Cavaletti sind auf mittlere Höhe gestellt.

CAVALETTI-ARBEIT IM TRAB

Wer mit Schrittreiten über Bodenricks begonnen hat, ist so weit vorbereitet, dass er mit dem erfahrenen Pferd im Trab sofort über mehrere Cavaletti nach dem eingangs beschriebenen Aufbau reiten kann. Wer mit Trab beginnt, muss die Anforderungen zunächst von einem Cavaletti bis auf vier Cavaletti steigern. Der Abstand zwischen den Cavaletti beträgt nunmehr ca. 1,5 m. Die niedrigste Höhe von 20 cm wird anfangs beibehalten. Während im Schritt die Ausbildung des Pferdes im Vordergrund stand, ist die Arbeit im Trab für Reiter und Pferde gleich gut geeignet. Man unterscheidet deshalb in der Praxis auch zwischen der Ausbildung des jungen Pferdes und derjenigen des jungen Reiters auf älteren Pferden.
Vertiefende Anleitungen und Informationen zum Training mit Cavaletti finden Sie in meinem Buch „Cavaletti – Dressur und Springen".

Die Aufgaben, die der Reiter beim Traben über Cavaletti auf gerader Linie zu beachten hat, sind grundsätzlich:

- Passendes Tempo,
- Geradeausreiten,
- Weiche Verbindung zum Pferdemaul mit ruhigen, tiefen Händen.
- Eingehen mit dem Oberkörper in die Bewegung des Pferdes, im Leichttraben oder Aussitzen.

CAVALETTI-ARBEIT

— *auf gebogenen Linien*

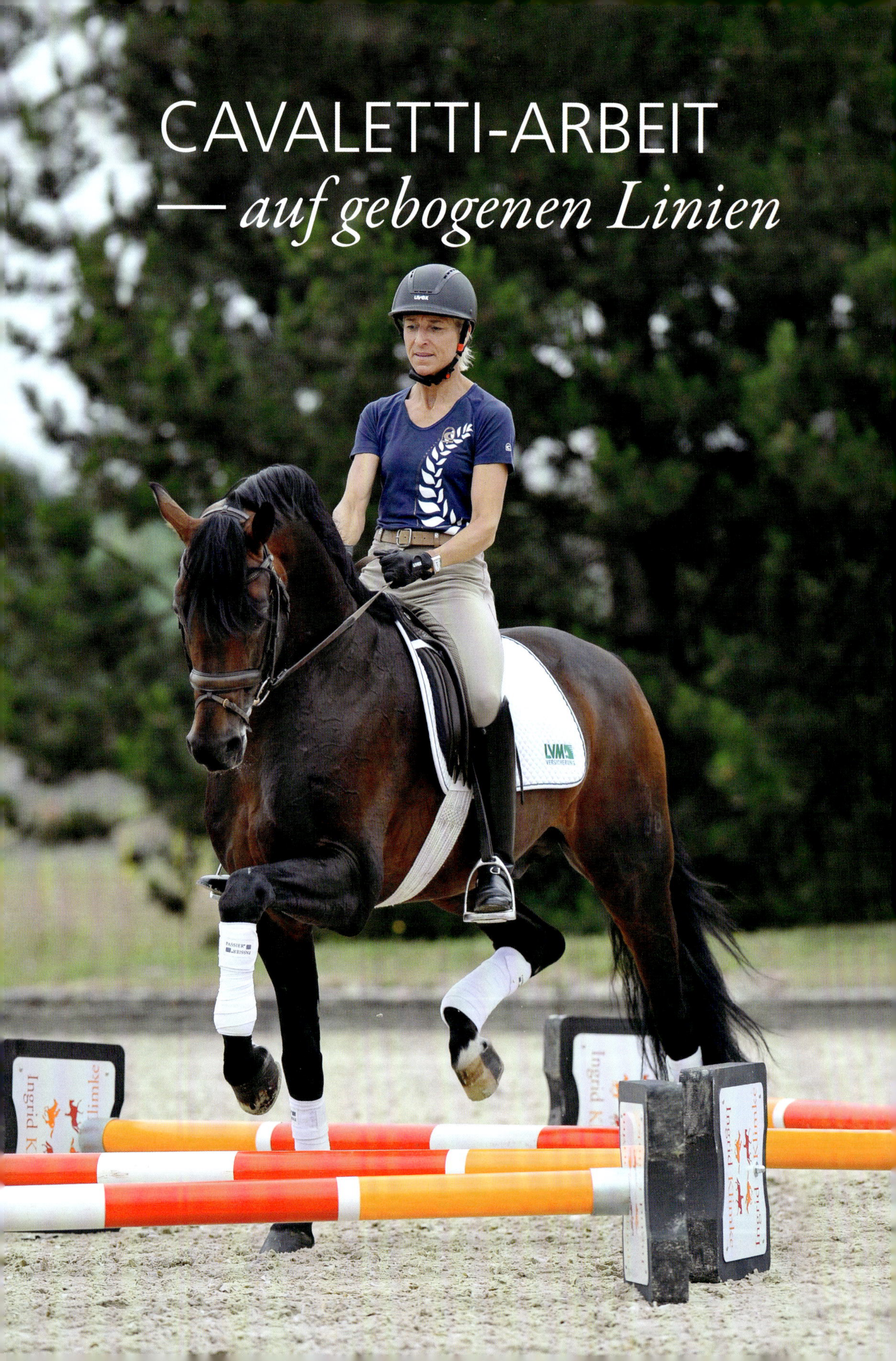

VORTEILE DER ARBEIT AUF GEBOGENEN LINIEN

Der Einsatz von Bodenricks auf gebogenen Linien fördert die Längsbiegung und die Geschmeidigkeit in den Rippenpartien. Für das Pferd setzt dies voraus, dass es vorher die Arbeit über Cavaletti auf geraden Linien kennengelernt hat.

Ein Pferd wird durch die Arbeit auf geraden und auf gebogenen Linien geradegerichtet. Geradegerichtet ist es, wenn die Hinterhufe sowohl auf geraden wie auch auf gebogenen Linien in derselben Spur laufen wie die Vorderhufe. Ist es nicht geradegerichtet, sieht man dies häufig daran, dass die Hinterbeine nicht vorwärts-aufwärts unter den Schwerpunkt abfußen, sondern seitlich daneben. Das Pferd soll in allen Wendungen zwar nach innen gestellt, aber stets in sich geradegerichtet sein.

Durch Cavaletti-Arbeit auf gebogenen Linien kann man einseitige Steifheiten lösen und das Pferd lässt sich geschmeidiger auf beiden Händen stellen und biegen. Da nicht geradegerichtete Pferde oft in der Wendung den Takt verlieren, dienen Cavaletti auf gebogenen Zirkellinien dem taktmäßigen, elastischen Abfedern in Richtung unter den Schwerpunkt. Während des Tretens über Bodenricks kann das Pferd kaum mit den Hinterbeinen seitlich ausweichen. Das Abfußen und die Trittlänge sind durch die Cavaletti so vorgegeben, dass die Pferde von selbst den natürlichen Rhythmus ihrer Bewegung beibehalten.

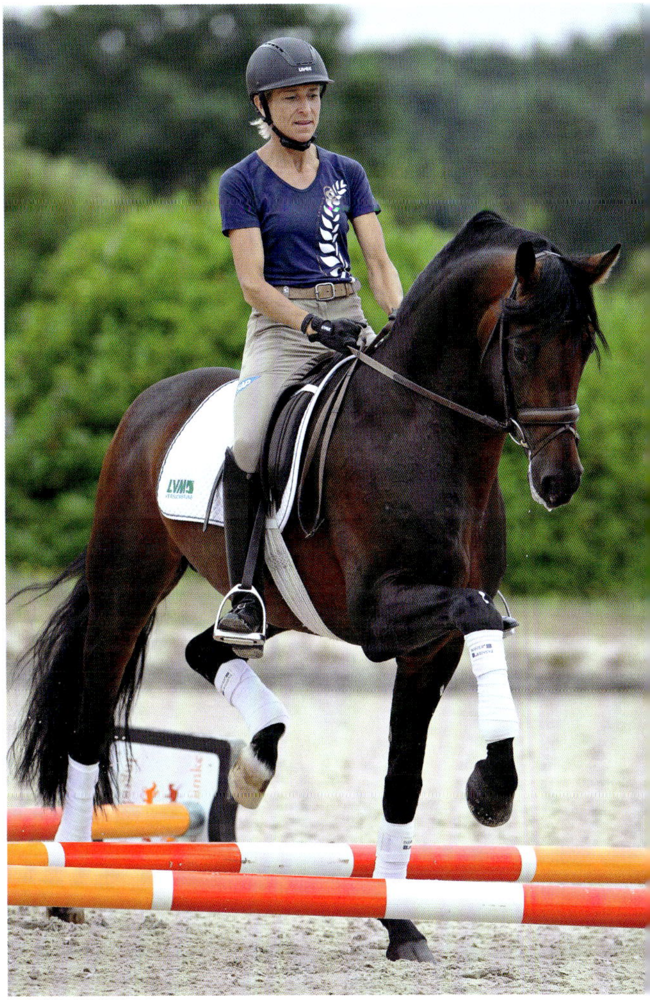

Pferde mit raumgreifender Trabmechanik können über die Außenlinie der Cavaletti traben. Pferde mit weniger Raumgriff traben weiter innen.

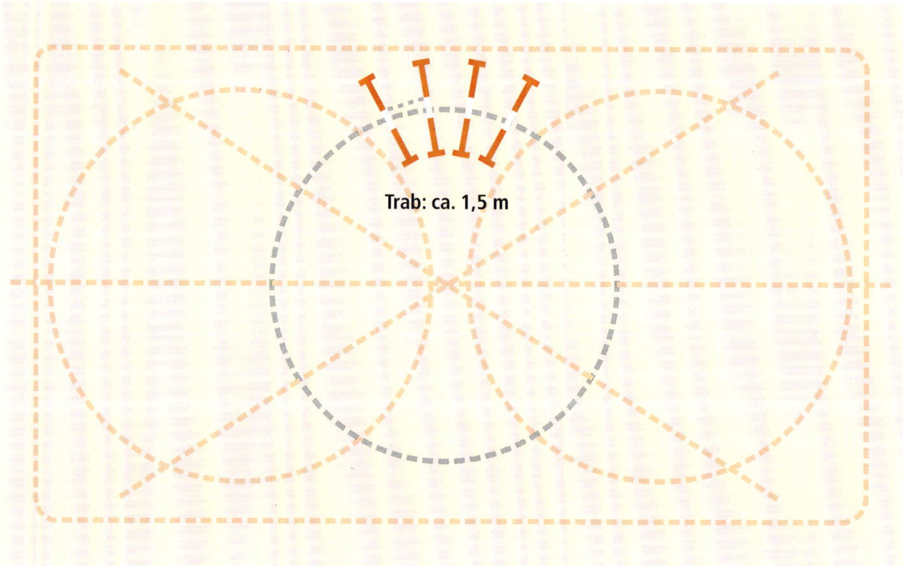

Aufbau für Trab auf dem Mittelzirkel. Zirkellinien, erster Hufschlag, Diagonalen und Mittellinie bleiben frei.

KREISBOGEN AUF DEM MITTELZIRKEL

Als Aufbau empfehle ich hauptsächlich zwei Formen: Als erste Übung die kreisbogenförmige Aufstellung auf dem Mittelzirkel. Bei dem beschriebenen Aufbau bleiben erster und zweiter Hufschlag, zwei Zirkellinien, die Diagonalen und die Mittellinie frei, sodass sich entgegenkommende Reiter stets aneinander vorbeireiten können.

DIE ACHT AUF DEM ZIRKEL

Daneben hat sich die Acht auf dem Zirkel bewährt. Sie geht von der Idee aus, abwechselnd beide Seiten des Pferdes in den Wendungen geschmeidig zu machen. Jeweils vier Cavaletti werden strahlenförmig gegenüberliegend auf dem Zirkel aufgebaut. Zwei Pylonen bilden in der Zirkelmitte einen Durchgang. Nun reiten Sie eine Acht durch

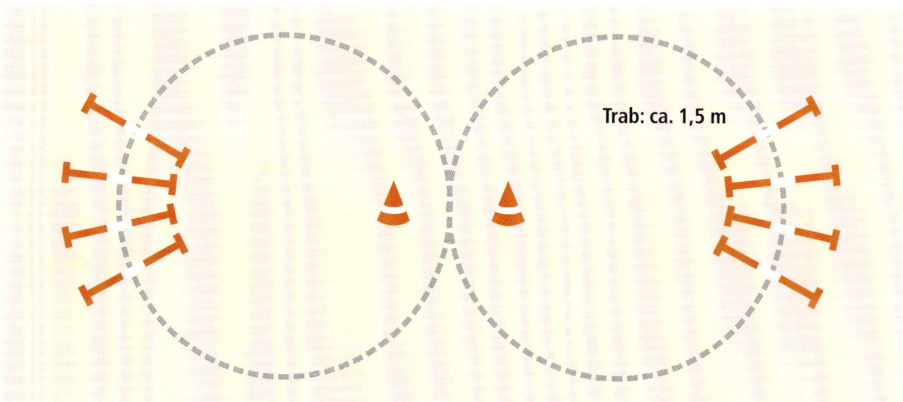

Die Acht auf dem Zirkel mit zwei gleich großen 10-m-Volten

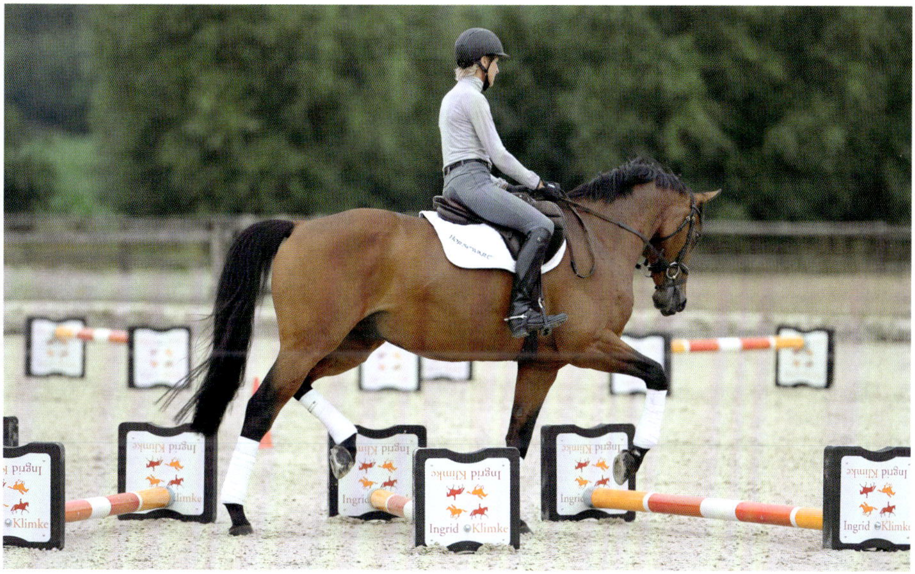

Das Traben über Cavaletti auf gebogener Linie fördert die Längsbiegung. Beim Reiten der Acht entsteht ein ständiger Handwechsel und das Gymnastizieren auf beiden Händen ist gesichert.

den Zirkel, zwischen den Pylonen durch. Wichtig ist, dass der Hufschlag frei bleibt, damit man außen herum auf der ganzen Bahn reiten kann. Die Übung wird im Trab durch fortwährendes „Wechseln durch den Zirkel" geritten. Das Pferd soll auf beiden Händen gleichmäßig gymnastiziert werden. Im Schritt ist der Ausbildungswert nicht so groß wie im Trab, doch kann es bei unerfahrenen Reitern/Pferden angebracht sein, die Übung zuerst im Schritt zu reiten.

1. PHASE: LÖSENDE ÜBUNGEN

Die erste Phase dient der Vorbereitung. Sie besteht aus lösenden Übungen in allen drei Grundgangarten und einigen Trablektionen über Bodenricks im Schritt und Trab auf geraden Linien.
Nach dem Zügel-aus-der-Hand-kauen-lassen im Trab zum Abschluss der Lösungsphase folgt eine kurze Schrittpause, in der die Cavaletti für die Zirkellinien umgebaut werden.

2. PHASE: ARBEIT AUF GEBOGENEN LINIEN

Die zweite Phase ist der eigentlichen Arbeit auf gebogenen Linien vorbehalten. Sie darf nicht zu lange ausgedehnt werden und erfordert ein gutes Maß an reiterlichem Feingefühl. Der Reiter trabt leicht und stellt sein Pferd im Arbeitstempo auf die Zirkellinie ein. Kurz vor den Cavaletti schiebt er die Hände ein wenig vor und achtet darauf, genau die Mitte der Bodenricks anzureiten. Geht das Pferd auf die Hilfen des Reiters ein, wird in der nächsten Runde der Zirkel gewechselt, damit die gleiche Übung auf der anderen Hand geritten werden kann. Wer nur auf einem Zirkel Bodenricks aufgestellt hat, reitet die Figur „Durch den Zirkel wechseln" und kommt dadurch auf die andere Hand.
Ziel ist es, das Pferd auf beiden Seiten geschmeidig zu machen. Danach Vorwärtsreiten an der langen Seite, um die Frische der Bewegung zu erneuern.

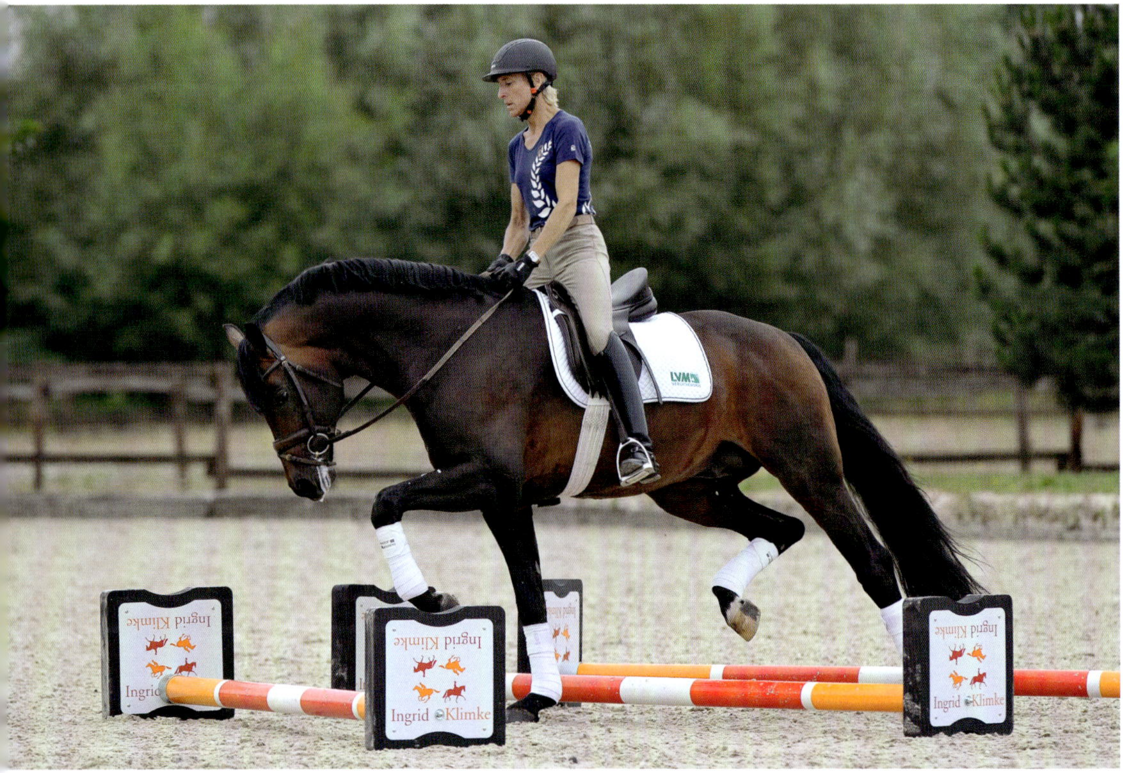

Zum Abschluss der Stunde: Zügel aus der Hand kauen lassen

3. PHASE: DER GUTE ABSCHLUSS

In der dritten Phase klingt die Arbeit langsam aus. Das Pferd soll zufrieden und ruhig in den Stall zurückkehren, damit es am nächsten Tag umso freudiger mit der Arbeit beginnt. Aus diesem Grund empfiehlt es sich, am Ende der Reitstunde einige einfache Übungen auf der „leichten" Hand zu reiten, von denen man weiß, dass das Pferd sie sicher beherrscht. Ein guter Abschluss ist für den nächsten Tag schon ein großer Erfolg. Daher kann man im Anschluss an die Arbeit auf gebogenen Linien ganze Bahn im leichten Sitz galoppieren und dabei die Zügel zum Schluss aus der Hand kauen lassen. Dass die Erholungsphase mit Schrittreiten beendet wird, ist selbstverständlich. Zusammenfassend kann man sagen, dass das Pferd bei allen unterschiedlichen Aufbauvarianten Kraft und Kondition aufbaut und die Motivation erhalten bleibt. Für die Schulung des Reitersitzes ist die Arbeit mit Cavaletti auf gebogenen Linien eine sinnvolle Übung, das Reitergefühl zu verfeinern. Der Reiter kann den auf gerader Linie gefestigten Sitz in einer neuen Gleichgewichtssituation schulen. Sie schafft Freude und Abwechslung, vor allem bei jugendlichen Reitern.Für sie kann man sich gar nicht genug verschiedene Aufbaumöglichkeiten ausdenken. Sinnvoll ist letztlich alles, was die Freude am Reiten vermehrt, den Sitz festigt und Reiter und Pferde nicht überfordert, sondern motiviert.

Nach der Cavaletti-Arbeit auf gebogenen Linien sollte durch das frische Vorwärtsreiten an der langen Seite Schwung entwickelt werden.

CAVALETTI-ARBEIT IM GALOPP

Das Reiten über Bodenricks im Galopp ist nichts anderes als Springen bzw. Galoppieren über niedrige Hindernisse, die in bestimmten Abständen hintereinander aufgestellt sind. Der Galopp ist die schnellste Gangart des Pferdes. Je nachdem, welches seitliche Beinpaar vorgreift, unterscheidet man den Rechtsgalopp und den Linksgalopp. Der Hufschlag des Pferdes erklingt im Dreitakt. Als vierte Phase schließt sich eine kurze Pause an, die sogenannte Schwebephase, in der das Pferd mit allen vier Beinen in der Luft schwebt. Der Bewegungsablauf des Galopps ist also folgender:

1. äußerer Hinterfuß,
2. innerer Hinterfuß und äußerer Vorderfuß,
3. innerer Vorderfuß,
4. Schwebephase.

Meiner Meinung nach eignet sich Cavaletti-Arbeit im Galopp hervorragend zur Verbesserung des Galoppsprungs, auch bei Dressurpferden. Gerade Pferde, die Probleme haben, sich im Galopp zu setzen, lernen hierbei, mehr Last mit den Hinterbeinen aufzunehmen. Sie müssen bei der Arbeit mit Cavaletti fleißiger durchspriNgen und aktiver mit der Hinterhand unterspringen. Der Galoppsprung wird dadurch ausdrucksstärker, das Pferd springt vermehrt unter den Schwerpunkt. Nach der Cavaletti-Arbeit im Galopp auf dem Zirkel lassen sich versammelnde Lektionen wie Galopptraversalen und Galopppirouetten hervorragend anschließen.

Das Überstreichen mit der inneren Hand gilt auch beim Reiten über Cavaletti als Prüfstein, ob das Pferd sicher an den diagonalen Hilfen (innerer Schenkel, äußerer Zügel) steht.

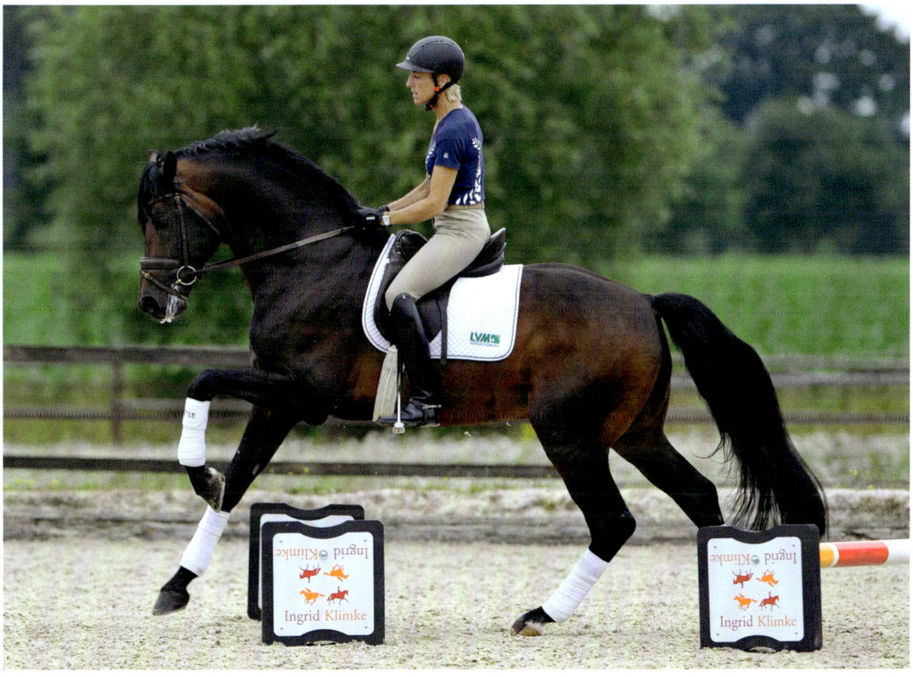

Der innere Hinterfuß springt weit unter den Schwerpunkt.

IN-OUTS AUF DEM ZIRKEL

Haben Reiter und Pferd In-Outs auf der geraden Linie kennengelernt, platziere ich zunächst zwei, danach vier Cavaletti auf der Zirkellinie. Der Abstand beträgt innen 2 m, außen 3 m. Um sein Pferd auf die Zirkellinie einzustellen, galoppiert der Reiter zunächst eine Runde im Galopp auf dem Zirkel direkt an den Cavaletti vorbei. Erst dann reitet er im klaren Dreitakt über die In-Outs. Der Reiter ist für die optimale Zirkellinie und das passende Tempo verantwortlich. Das Pferd lernt, sich im klaren Dreitakt besser auszubalancieren, und es gewinnt an Kraft und Geschmeidigkeit. Nach einer gelungenen Übung ist eine Schrittpause mit viel Lob wichtig! Das Cavaletti-Training im Galopp ist gerade für ungeübte Pferde anstrengend und eine koordinative Herausforderung.

TRAININGSEFFEKT

- Kraft- und Konditionstraining
- Verbessert die Qualität des Galoppsprungs
- Fördert die Versammlung, Balance, Koordination und Geschmeidigkeit

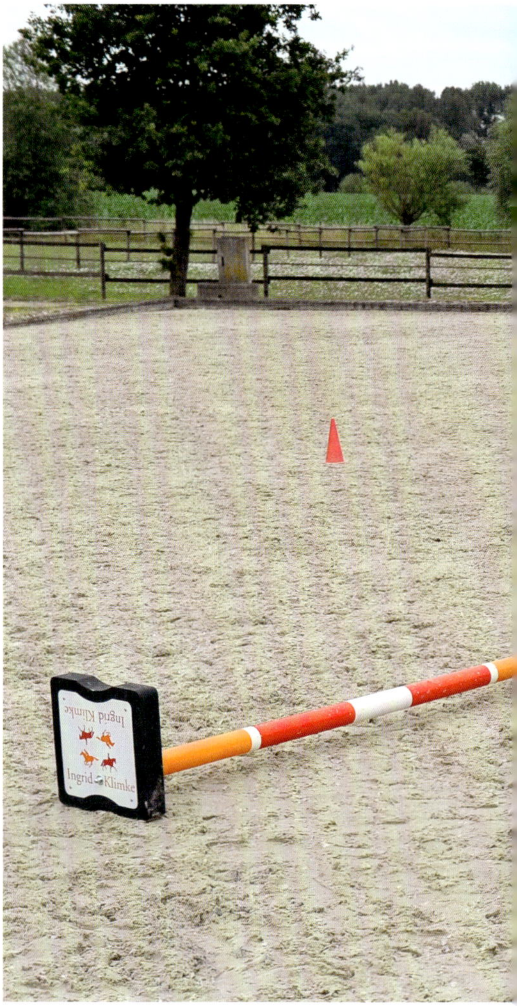

Der Reiter trabt über die Trab-Cavaletti, …

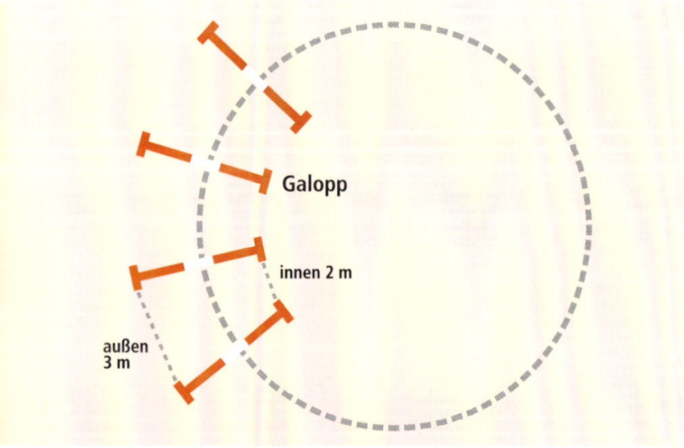

In-Outs auf dem Zirkel

Deshalb sind kurze Reprisen mit Erholungspausen nötig. Auch die Verstärkungen auf geraden Linien sind nach der vermehrten Arbeit auf dem Zirkel wichtig. Die Cavaletti können von der niedrigsten Höhe bis zur höchsten Stufe erhöht werden. Das rhythmische Galoppieren im klaren Galopptakt ist das Ziel. Erst dann kann erhöht werden. Anfängliches Umspringen oder Gleichspringen zeigt an, ob noch Verspannungen vorhanden sind. Die Arbeit mit Bodenricks im Galopp kann auch zum Lösen des Pferdes geeignet sein. Vor allem blutgeprägte Pferde lösen sich oft besser in ihrer Lieblingsgangart Galopp.

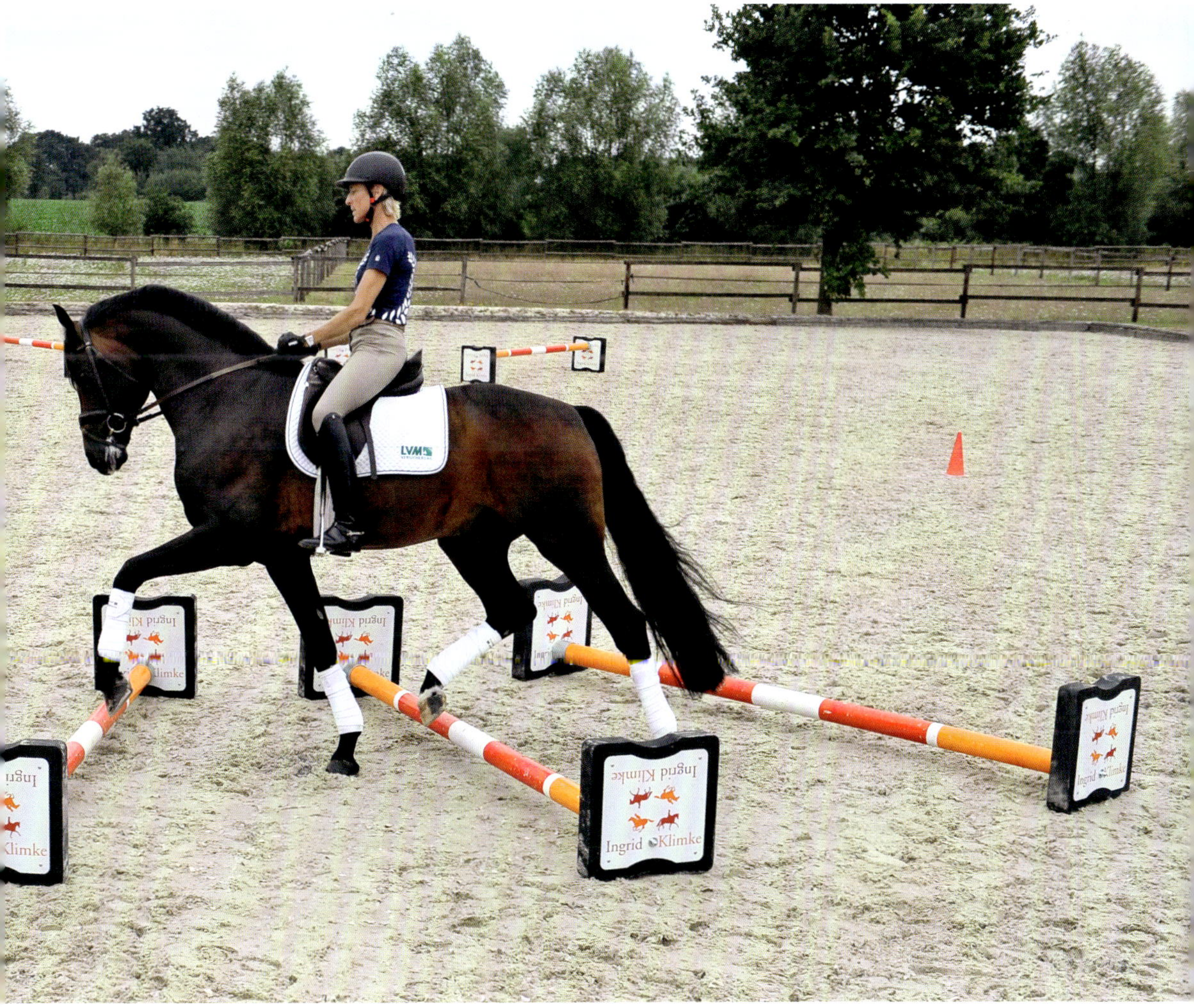

... galoppiert am Hütchen an und galoppiert über die Galopp-Cavaletti.

TRAB- UND GALOPP-CAVALETTI AUF EINEM ZIRKEL

Dies ist eine meiner Lieblingsübungen. Trab-Galopp-Übergänge genau am Punkt schulen die Konzentration des Reiters und die Feinabstimmung seiner Hilfen. Wir bewegen uns auf einer Zirkellinie mit vier Trab-Cavaletti auf der einen und vier Galopp-Cavaletti auf der gegenüberliegenden Zirkelseite. Auf Höhe der beiden Zirkelpunkte steht zwischen den Cavaletti-Reihen jeweils ein Pylon. Die Übung sieht folgendermaßen aus: Ich trabe über die Trab-Cavaletti, galoppiere am Pylon an, galoppiere über die Galopp-Cavaletti, pariere am nächsten Pylon wieder durch zum Trab, trabe über die Trab-Cavaletti und so weiter. Das geht alles sehr schnell. Wer korrekt am Punkt und im Idealfall mit unsichtbarer Hilfengebung reitet, lernt, sein Pferd vorausschauend und konzentriert zu gymnastizieren. Arbeiten Sie sich mit Ihrem Pferd in Ruhe an die Aufgabe heran. Traben Sie zu Beginn nur über die Trab-Cavaletti, galoppieren Sie dann am Pylon an und galoppieren mal vor,

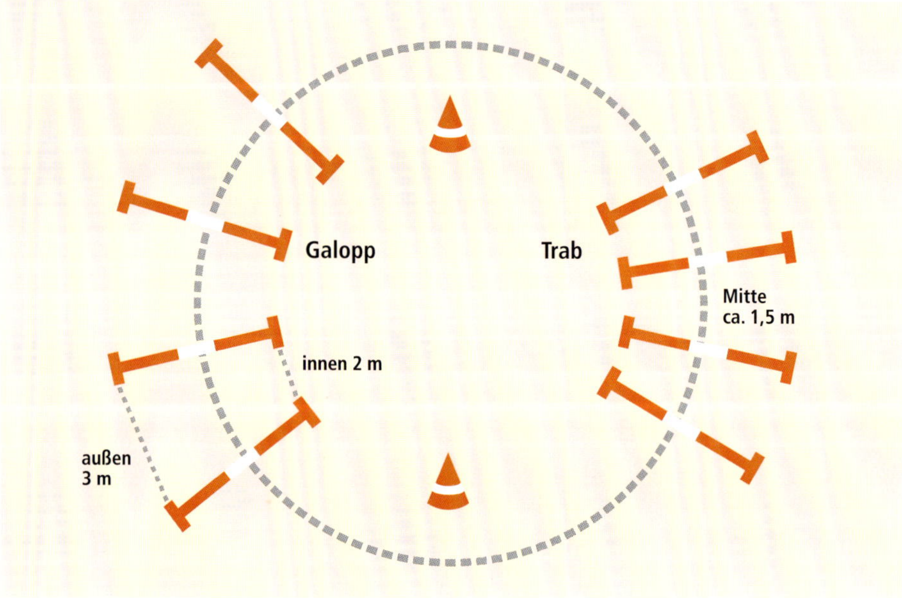

Cavaletti-Arbeit im Trab und im Galopp auf einem Zirkel

mal hinter den Galopp-Cavaletti vorbei. Oder Sie galoppieren nur über die Galopp-Cavaletti und verkleinern den Zirkel danach zwischen den Cavaletti-Reihen. Die Höhe der Cavaletti können Sie je nach Ausbildungsstand variieren.
Das Reiten über Cavaletti auf gebogenen Linien stellt höchste Anforderungen und besonders der innere Hinterfuß wird im Galopp zum vermehrten Unterspringen und Lastaufnehmen veranlasst. Wichtig sind immer wieder Schrittpausen und das Zulegen des Tempos auf gerader Linie. Ist diese Frage ehrlichen Herzens zu bejahen, schlage ich für die Übung selbst wieder die Einteilung in verschiedene Phasen vor.

TRAININGSEFFEKT

- Fördert die Durchlässigkeit des Pferdes
- Schult die Konzentration und Reaktionsfähigkeit von Reiter und Pferd
- Dient der Gymnastizierung
- Fördert die Versammlungsbereitschaft

VIELFÄLTIGER CAVALETTI-AUFBAU MIT GASSEN

Begonnen wird mit dem Aufbau der Cavaletti-Übung. Es werden insgesamt 12 Cavaletti benötigt, die entlang der Mittellinie aufgebaut werden. Der Aufbau kann auch mit 8 Cavaletti und 4 Stangen für die Gassen aufgebaut werden.
Schon beim aufwärmenden Schrittreiten werden die Schritt-Cavaletti, die je nach Schrittlänge des Pferdes auf ca. 1m (Mittelschritt) aufgebaut sind, mit einbezogen. Auch die Gassen, die einen Zwischenabstand von 1,65 m haben, sodass man sie auch als zwei Trab-Cavaletti auf der Geraden zwischen zwei halben Volten reiten kann, sowie die Trab-Cavaletti (1,65 m Zwischenabstand) werden in die lösende Arbeit mit eingebaut. Ist die Lösungsphase beendet, beginnt man, Übergänge vom Trab zum Schritt und umgekehrt innerhalb der Gasse auf dem Zirkel zu reiten. Diese Übung überprüft somit die Genauigkeit der Hilfengebung und das

präzise Timing der Übergänge. Die Gasse ist vielseitig anwendbar, so können innerhalb dieser auch Übergänge vom Trab zum Halten und das gerade Rückwärtsrichten auf der freien Line geritten werden. Dies hat den Vorteil, dass das junge oder unerfahrene Pferd durch die Cavaletti seitlich begrenzt wird und somit das gerade Halten und das gerade Rückwärtsrichten vereinfacht wird. Die Arbeitsphase kann nun so erweitert werden, dass die zuvor erarbeiteten Übergänge innerhalb der Gasse, auf der Schlangenlinie und somit auch in Verbindung mit den Schritt- als auch den Trab-Cavaletti geritten werden.

Anfangs bleiben die Schrittcavaletti auf Mittelschritt aufgebaut, können aber je nach Ausbildungsstand des Pferd-Reiter-Paares auch als Schritt-Cavaletti mit Abstand für den Versammelten Schritt aufgebaut werden. Die Schlangenlinie kann von beiden Seiten und von beiden Händen aus begonnen werden. Somit ist eine gleichmäßige Gymnastizierung gewährleistet. Wichtig ist, dass der Reiter die Bögen korrekt ausreitet und das Pferd sicher an den jeweils wechselnden diagonalen Hilfen steht. Ziel ist es, dass das Pferd sich in korrekter Selbsthaltung über den Cavaletti trägt und der Reiter zum Nachgeben kommt. Es ist ratsam, an den langen Seiten zwischendurch zuzulegen, damit das Pferd locker über den Rücken schwingt und dieser besonders gymnastiziert wird.

Auch die Galopparbeit kann mit in die Schlangenlinie integriert werden. So können auch hier als Vorübung zunächst Trab-Galopp-Übergänge und später einfache Galoppwechsel innerhalb der Gasse geritten werden. Für erfahrenere Reiter-Pferd-Paare können die einfachen und auch fliegende Wechsel mit in die Schlangenlinie eingebunden werden. Übergänge aller Art sowie fliegende Galoppwechsel können auf einer gebogenen Linie durch die Trab-Cavaletti entlang der Mittellinie mit Handwechsel geritten werden. Insgesamt fördert diese Übung den Takt, die Losgelassenheit, die korrekte Anlehnung, den Schwung , die Durchlässigkeit, die Balance und die Versammlungsbereitschaft des Pferdes sowie alle Punkte der Skala der Ausbildung.

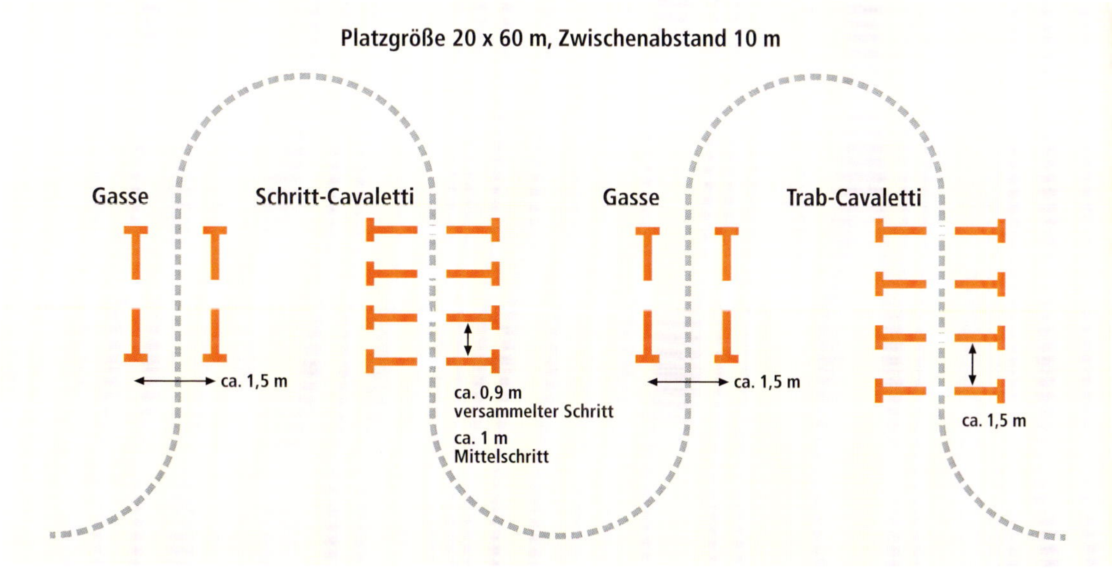

Vielfältiger Cavaletti-Aufbau mit Gassen

SPRINGGYMNASTIK
— *über Cavaletti*

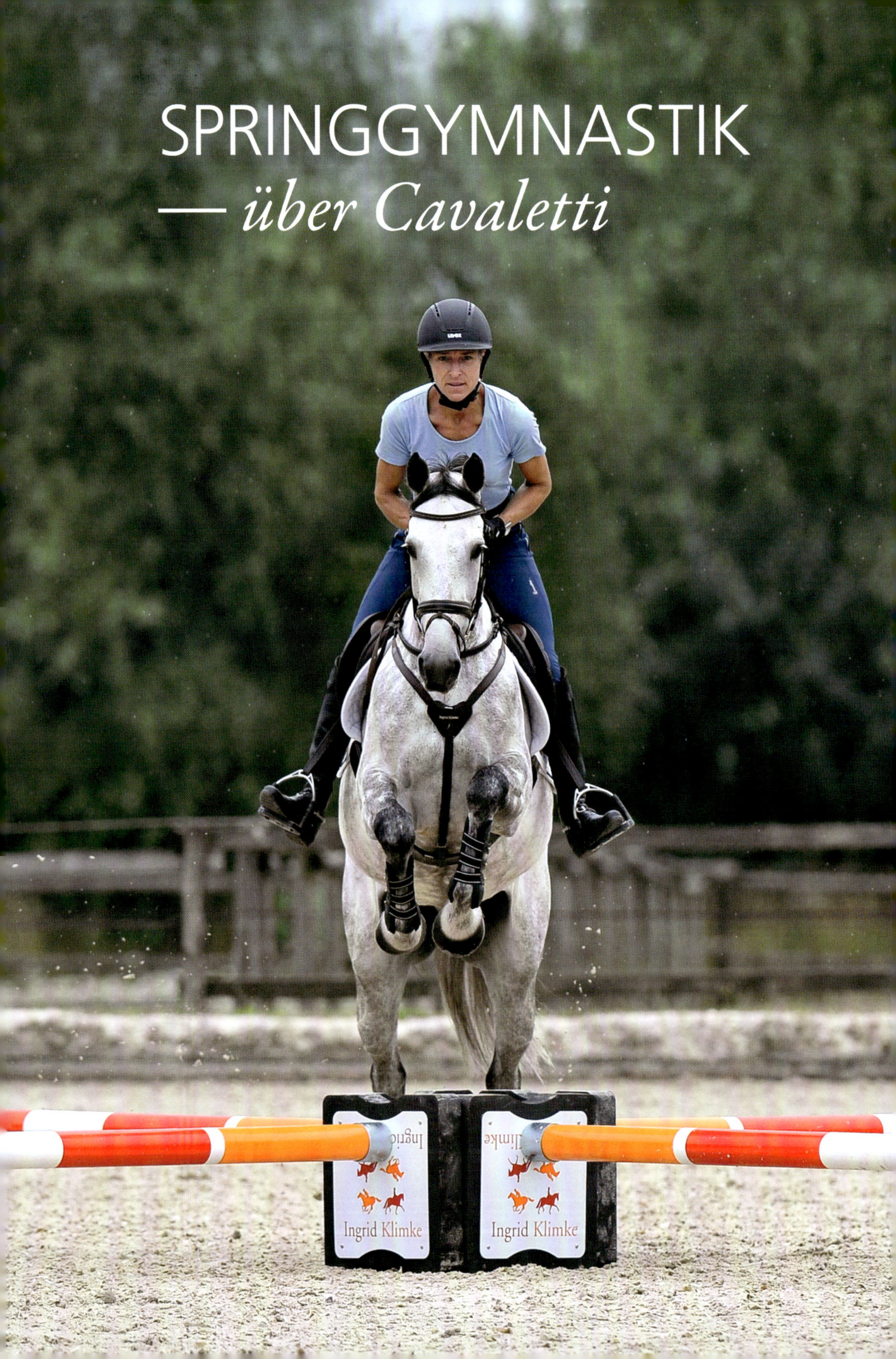

SCHULUNG FÜR REITER UND PFERD

Durch das Gymnastizieren des Pferdes über Cavaletti werden sowohl beim Pferd als auch beim Reiter unterschiedliche Fähigkeiten entwickelt und verbessert. Sie sind nicht isoliert voneinander zu betrachten, sondern sprechen immer mehrere Bereiche gleichzeitig an. Tiefergehende Informationen über den Aufbau einer Trainingsstunde, Trainingsziele und die Ausbildung durch Springgymnastik finden Sie in meinem Buch „Cavaletti – Dressur und Springen“. Im vorliegenden Buch zeige ich Ihnen die wichtigsten Übungen mit einer kurzen Beschreibung, dem Cavaletti-Aufbau und dem Trainingseffekt der beschriebenen Übung.

ÜBUNG 1: EIN CAVALETTI AUF GERADER LINIE

Diese Übung eignet sich zum Einstieg. Man stellt ein tiefes Cavaletti so auf den Platz, dass man es von beiden Händen auf gerader Linie anreiten kann.
Der Reiter reitet zunächst im Schritt über das Cavaletti und achtet darauf, dass er, von gerader Linie kommend, die Mitte erreicht und danach geradeaus weiterreitet. Als Nächstes trabt er in gleicher Weise über das Cavaletti (und zwar im Leichttraben) und achtet besonders darauf, dass sich sein Trabtempo nicht verändert, sondern die ganze Zeit gleichmäßig, taktmäßig bleibt. Um von vornherein ein gerades Anreiten über die Mitte zu erreichen, sollte der Reitlehrer bewusst darauf achten, dass der Reitschüler auch frühzeitig zum Cavaletti blickt. Über dem Cavaletti sollte der Blick nach vorn gerichtet sein.
Die Phase nach der Landung ist genauso wichtig wie die Anreitphase. Um die Konzentration des Reiters darauf zu lenken, wird nach dem Cavaletti auf gerader Linie gehalten. Dieser Übergang sollte möglichst weich und harmonisch sein, und das Pferd sollte gerade stehen.

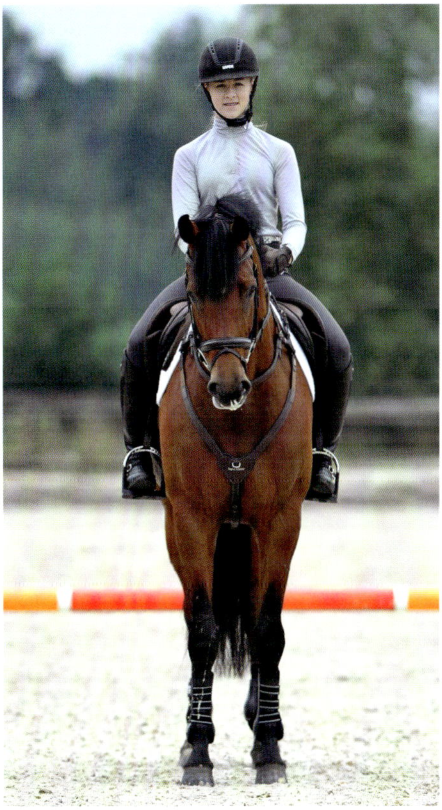

Sehr gutes Halten auf gerader Linie nach dem Cavaletti

Trabt das Pferd von beiden Händen in der gewünschten Weise über das Cavaletti, kann mit dem Galopp begonnen werden. Diese erste leichte Springübung setzt sich also aus folgenden vier Phasen zusammen:

— gerades Anreiten,
— über die Mitte des Cavaletti reiten,
— geradeaus weitergaloppieren,
— auf gerader Linie durchparieren.

Je nach Durchlässigkeit des Pferdes kann man diesen Übergang auch über Trab und Schritt auslaufen lassen. Handwechsel sind immer wichtig, um die Übung abwechslungsreicher zu gestalten und einige Male wiederholen zu können. Danach wird das Cavaletti auf die höchste Stufe gedreht und die gleiche Übung im Galopp wiederholt, wobei der Reiter sich in die Bewegung eines kleinen Sprungs einfühlen kann. Wenn der Reiter sich mit dem Galoppieren über ein Cavaletti wohlfühlt, macht er eine Schrittpause zur Entspannung.

TRAININGSEFFEKT
— Sitzschulung des Reiters
— Konzentrationsschulung von Reiter und Pferd
— Rhythmusschulung von Reiter und Pferd

ÜBUNG 2: ZWEI CAVALETTI AUF GERADER LINIE

Während Reiter und Pferd eine Schrittpause einlegen, dreht man das höhere Cavaletti wieder zurück auf die tiefe Stellung und stellt ein zweites in ca. 19 – 20 m Entfernung dahinter. Normalerweise geht man davon aus, dass der Galoppsprung eines Pferdes durchschnittlich 3,5 m groß ist. Für Absprung und Landephase rechnet man einen Galoppsprung hinzu. Diese Maße werden je nach Höhe des Hindernisses und des

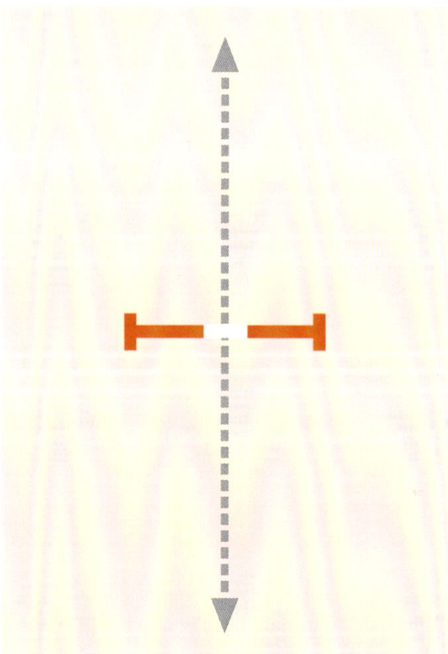

Ein Cavaletti auf gerader Linie

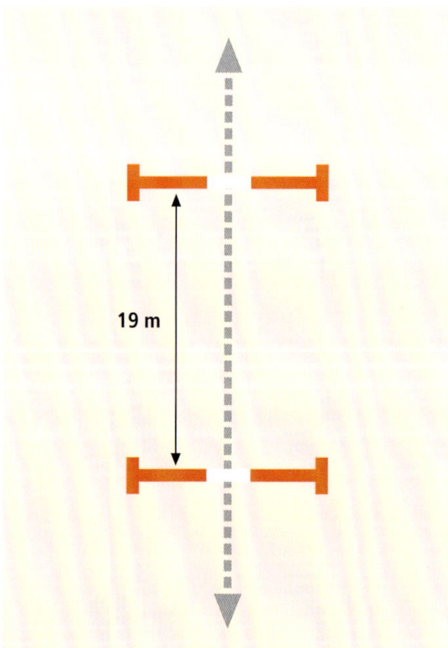

Zwei Cavaletti auf gerader Linie

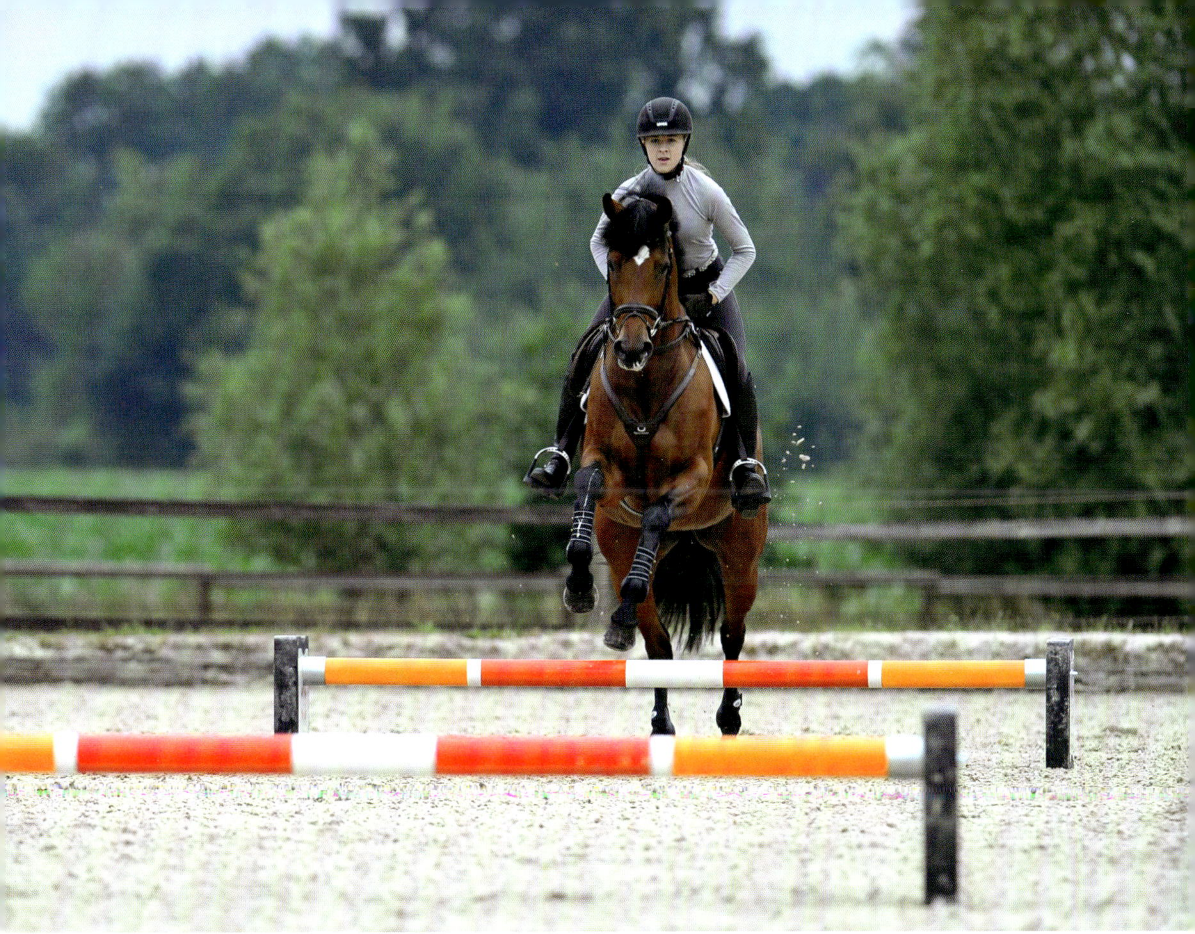

Die Anzahl der Galoppsprünge zwischen den Cavaletti kann variiert werden

Grundtempos angepasst. Bei einem niedrigen Hindernis verkürzen sich auch Absprung und Landeentfernung. Es ergibt sich also eine normale Distanz, die auf 5 Galoppsprünge zu reiten ist.

Ist der Reiter in der Lage, mit seinem Pferd nach dem Hindernis auf gerader Linie weiterzugaloppieren und zum Halten zu parieren, sollte er das Ende variieren.

Er sollte zur Abwechslung einmal einen Zirkel, eine Volte oder einen einfachen Wechsel reiten (auf beiden Händen). Dann wird auch das Pferd nicht immer auf das Halten warten, sondern auf die Hilfen des Reiters achten (ein wichtiger Aspekt für das Parcoursreiten). Nun hat der Reiter zwei kleine Hindernisse auf gerader Linie überwunden, ist dabei rhythmisch galoppiert und hat die ersten Springerfahrungen im leichten Sitz gesammelt.

ANZAHL DER GALOPPSPRÜNGE ZWISCHEN DEN CAVALETTI VARIIEREN

Diese Übung eignet sich auch für fortgeschrittene Reiter, die ein Gefühl für den Galoppsprung ihres Pferdes entwickeln wollen. Durch das gleichmäßige, rhythmische Galoppieren bekommen sie ein Gefühl für die Länge des Galoppsprungs. Gleichzeitig können sie ausprobieren, welches Grundtempo sie benötigen, um dieselbe Distanz auf 4 oder 6 Galoppsprünge zu reiten, das heißt, die Galoppsprünge zu vergrößern oder zu verkürzen. Hat man die ersten Übungen absolviert, zählt man die Galoppsprünge zwischen den beiden Bodenricks. Der Reiter sollte sich angewöhnen, sie laut zu zählen, denn so hat der Reitlehrer die Kontrolle, ob er beispielsweise die Landung mitzählt (was viele Reiter anfangs tun). Man zählt

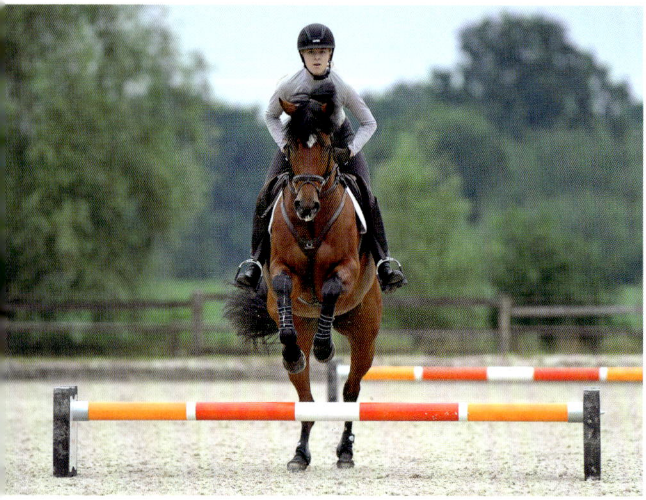

Schnurgerades Springen über die Mitte mit Blick durch die Pferdeohren nach vorne

den ersten Galoppsprung nach der Landung (1, 2 … 5) und sollte immer auf rhythmisches Galoppieren achten.
Das Zählen der Galoppsprünge hat einen wertvollen Effekt: Es lehrt den Reiter, den Rhythmus zu fühlen und eine Distanz zu beurteilen. Dadurch beginnt er zu sehen, wie zwei noch verbleibende Galoppsprünge aussehen. Durch diese Übungen entwickelt er ein „Auge“, die Fähigkeit zu sehen, ob eine Distanz sich harmonisch/rhythmisch reiten lässt oder ob es notwendig ist, etwas nach vorn zu reiten oder aber das Pferd vermehrt zu versammeln, um einen harmonischen und passenden Absprung zu finden.
Als Nächstes versucht der erfahrene Reiter, die Distanz auf 4 Galoppsprünge zu reiten, was ein höheres Grundtempo erfordert.
Die Galoppsprünge zu verlängern, ist eine Übung, die der Reiter während seiner dressurmäßigen Arbeit schon häufig absolviert hat. In diesem Fall kommt nur hinzu, dass er dabei über die beiden Cavaletti galoppiert. Das höhere Grundtempo wird schon vor dem Abwenden auf die gerade Linie geschaffen, das heißt, das erste Cavaletti wird schon mit verlängerten Galoppsprüngen angeritten. Nach dem Landen und rhythmischen Weitergaloppieren sind die 4 Galoppsprünge automatisch da, wenn der Reiter sein Pferd frisch vorwärtsgaloppieren lässt. Somit kann der Reiter, ohne den Rhythmus zu unterbrechen, im leichten Sitz mitgehen, weichen Kontakt zum Pferdemaul behalten und das zweite Cavaletti passend anreiten.
Für den fortgeschrittenen Reiter lässt sich diese Übung wie folgt erweitern: Er versucht, einen zusätzlichen Galoppsprung unterzubringen, die Distanz also auf 6 Galoppsprünge zu reiten, das heißt, die einzelnen Galoppsprünge zu verkürzen.
Die Vorbereitung beginnt in der dressurmäßigen Arbeit die Länge des Galoppsprungs zu verkürzen. Dabei ist es hilfreich, seinen Oberkörper etwas mehr aufzurichten, um somit vermehrt einzusitzen. Idealerweise ist das verkürzte Grundtempo vor dem ersten Cavaletti so gewählt, dass sich die 6 Galoppsprünge daraus wieder automatisch ergeben. Sieht der Reiter aber nach der Landung, dass er die Galoppsprünge nicht genügend versammelt hat, verkürzt er sie noch mehr mit deutlichen halben Paraden. Das Halten auf gerader Linie beendet die Übung, wie auch schon bei den vorherigen Malen.
Durch ein versammeltes Grundtempo galoppiert das Pferd geschlossener. Der Schwerpunkt verlagert sich etwas nach hinten, sodass sich auch der Reiter mehr aufrichten muss, um in der richtigen Balance (mehr „im“ Pferd) zu sitzen.
Diese Übung kann ausgeweitet (z. B. auf 7 Galoppsprünge) und mit unterschiedlichen Abmessungen variiert werden. Durch häufiges Wiederholen wird sich bald das Gefühl für das passende Grundtempo und für die passende Absprungdistanz verbessern.

TRAININGSEFFEKT
- Gefühl für Distanzen wird verbesssert
- Durchlässigkeit des Pferdes wird gefördert

ÜBUNG 3: EIN CAVALETTI AUF DEM ZIRKEL

Übungen zur Verbesserung einzelner Fähigkeiten:
Der Reiter lernt den geschmeidigen und ausbalancierten leichten Sitz. Er entwickelt ein Gefühl für den Rhythmus und das passende Grundtempo auf einer gebogenen Linie. Auch das Pferd kann sich durch eine gymnastizierende Arbeit in der Längsbiegung im Galopp verbessern. Manche Pferde wechseln über dem Cavaletti den Galopp oder landen lieber in dem Galopp, der ihnen leichter fällt.

Um dies zu verhindern, muss der Reiter die Stellung und Biegung des Pferdes nach innen beibehalten und richtungsweisend mit seinen Hilfen sitzen, damit das Pferd nicht umspringt und im Handgalopp auf der Zirkellinie bleibt.
Ein Cavaletti wird auf niedrigste Höhe auf die Zirkellinie gestellt. Die Aufgabe besteht darin, auf der Zirkellinie zunächst dieses eine Cavaletti zu überwinden. Es ist ratsam für den Anfänger, das Cavaletti auf den Hufschlag der geschlossenen Seite zu stellen, sodass er die Begrenzung nach außen als Hilfe hat. Es wird im Trab begonnen, um sicherzustellen, dass der Reiter den Zirkel wirklich rund ausreitet. Danach galoppiert er über das Cavaletti, zunächst auf niedrigster

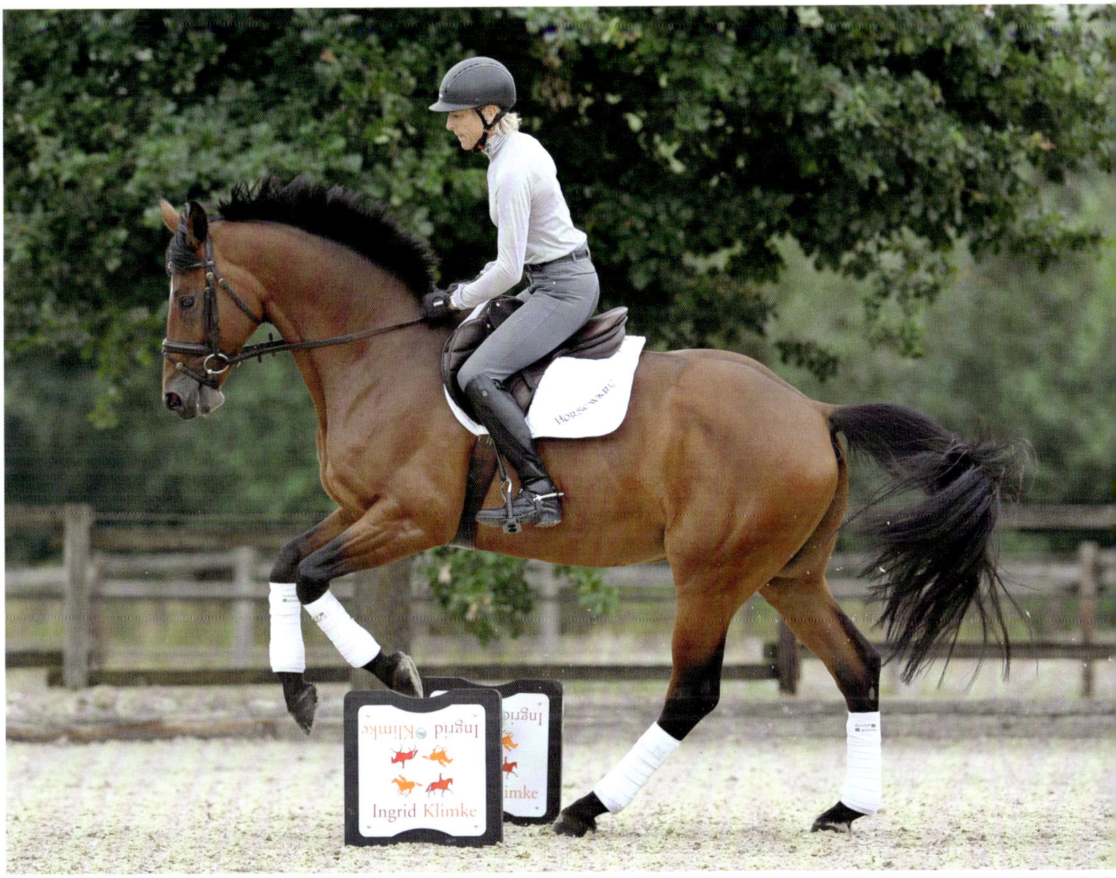

Gute Stellung und Biegung auf der Zirkellinie

Höhe und stellt es dann hoch. Es wird auf beiden Händen geritten, damit das Pferd auf beiden Seiten gleichmäßig gymnastiziert wird. Der Reiter galoppiert immer über die Mitte des Cavaletti. Er reitet einige Runden auf jeder Hand, wobei auf das rhythmische Reiten im korrekten leichten Sitz zu achten ist.
Klappt die Übung sowohl mit dem tiefgestellten als auch mit dem hohen Cavaletti auf der geschlossenen Zirkelseite, wird sie erschwert, indem das Cavaletti auf die offene Seite gestellt wird. Dies ist häufig schwerer, als es sich anhört: auf der gebogenen Linie über ein Cavaletti springen und danach auf der gebogenen Linie rhythmisch im gleichmäßigen Tempo weitergaloppieren.
Der fortgeschrittene Reiter sollte zur Festigung seines Sitzes bei allen Übungen die Bügel auch einmal überschlagen. Das verfeinert das reiterliche Gefühl und die Hilfengebung. Das Vertrauen zwischen Reiter und Pferd wird gestärkt.

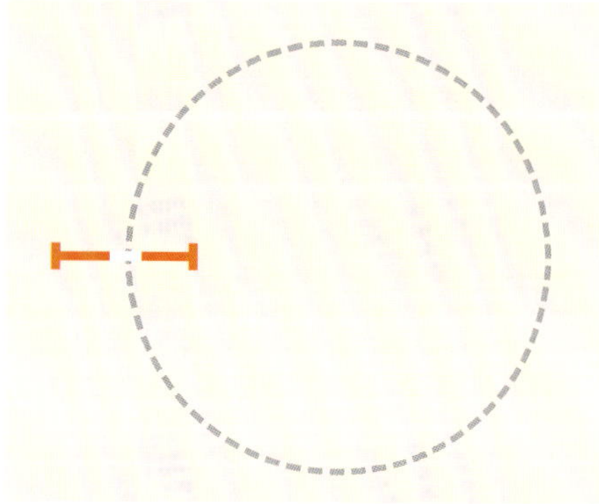

Ein Cavaletti an der offenen Seite des Zirkels

TRAININGSEFFEKT

- Schulung des leichten Sitzes
- Rhythmisches Galoppieren in gleichmäßigem Tempo
- Distanzgefühl entwickeln

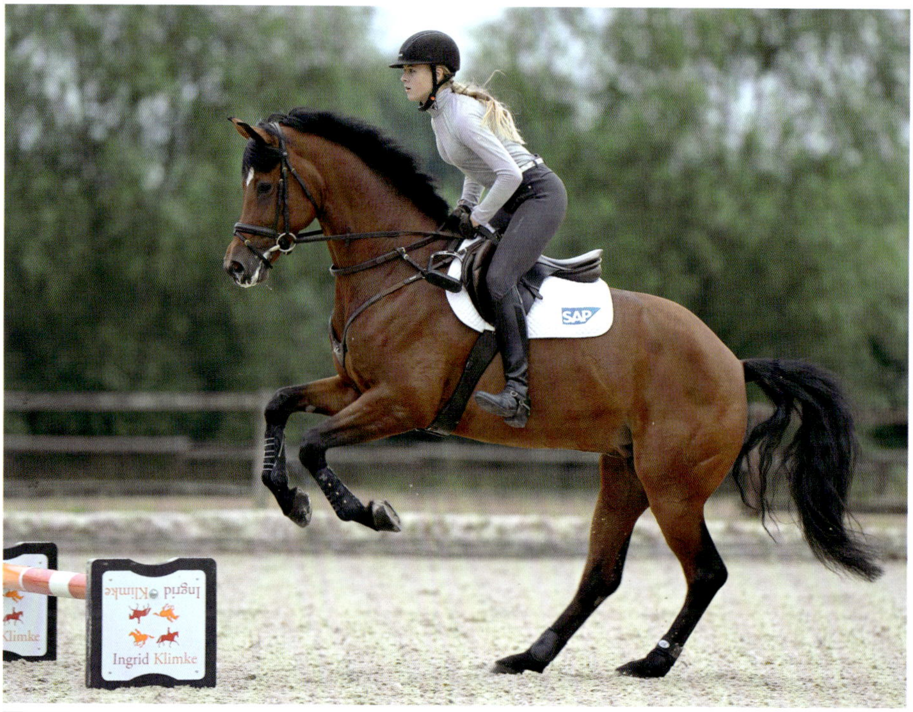

Ohne Bügel sitzt die Reiterin in guter Balance.

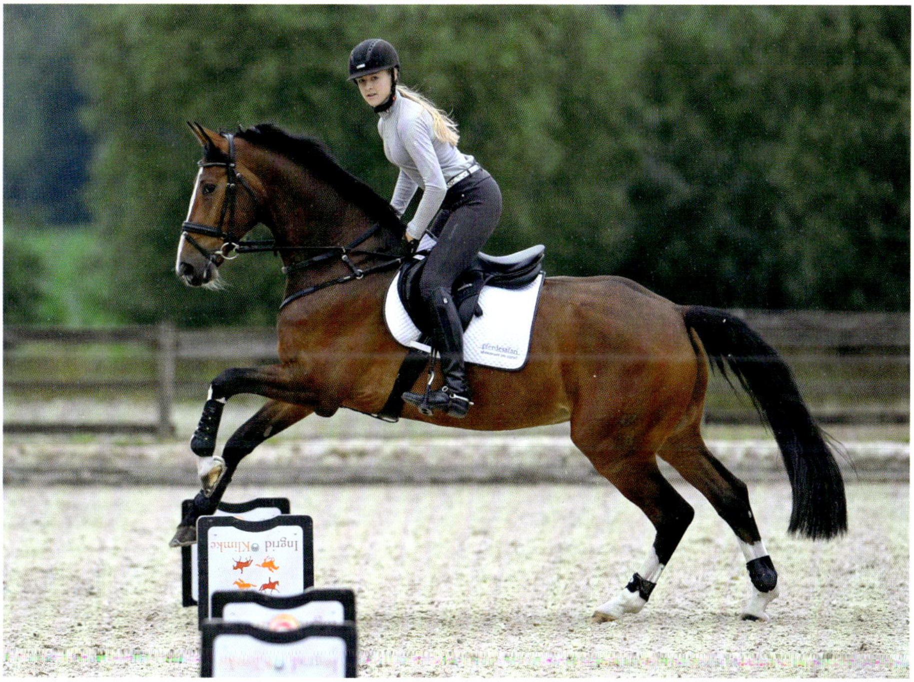

Die Reiterin galoppiert auf der Zirkellinie über beide Cavaletti. Sie schaut frühzeitig zum gegenüberliegenden Cavaletti.

ÜBUNG 4: ZWEI CAVALETTI AUF EINEM ZIRKEL

Die nächste Steigerung besteht darin, auf der gegenüberliegenden Seite des Zirkels ein zweites Cavaletti aufzustellen.
Die Aufgabe wird wieder zuerst im Trab und über das tiefgestellte Cavaletti begonnen. Schon hier ist auf den wertvollsten Aspekt dieser Übung zu achten: Der Reiter muss beim Überwinden des einen Cavaletti schon früh genug zum nächsten Cavaletti schauen. Hat der Reiter im Trab die Ideallinie gefunden, wird es ihm keine Schwierigkeiten bereiten, beide Cavaletti im Galopp zu überwinden. Anschließend werden die Cavaletti hochgestellt und auf beiden Händen so lange überwunden, bis der Reiter auf der runden Zirkellinie rhythmisch galoppiert und exakt über die Mitte der Cavaletti springt, und zwar immer auf der gleichen Linie, ohne den Galopprhythmus zu verändern.

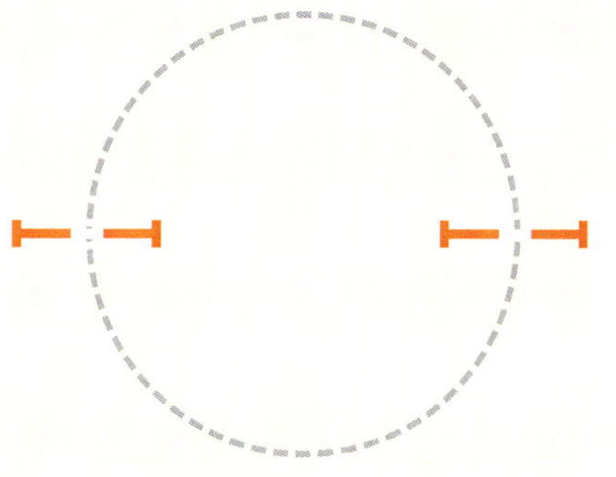

Zwei Cavaletti auf einem Zirkel

TRAININGSEFFEKT

- Schulung des Rhythmusgefühls
- Vorausschauendes Reiten
- Arbeit an der Längsbiegung

ÜBUNG 5: REITEN EINER ACHT

Das Reiten von „Achten" macht das Pferd auf beiden Händen geschmeidiger. Die Cavaletti unterstützen diesen Effekt. Jedes Mal, wenn der Reiter über dem Cavaletti die Richtung wechseln will, schaut er in die neue Richtung, legt den Schenkel um und verlagert seine Gewichtshilfe. Auch die Hände gehen mit und zeigen dem Pferd den Richtungswechsel an. Obwohl der Reiter anfangs das Cavaletti ein wenig schräg in die neue Richtung springt, reitet er immer die Mitte an. Kann der Reiter die Übung im Trab sicher ausführen, wird mit der Galopparbeit begonnen, bei der das Pferd immer über dem Cavaletti den Galopp wechselt. Auf der Acht kann man statt eines auch zwei Cavaletti auf die äußeren Zirkelhälften platzieren: Das „Aus-dem-Zirkel-wechseln" kann dabei entweder über Trab, durch einen einfachen Wechsel oder durch einen fliegenden Wechsel geritten werden. Mit Hilfe dieser Übung wird die Durchlässigkeit verbessert. Der Reiter lernt sein Pferd aufmerksam und gehorsam an den Hilfen zu halten, weil es sich sowohl auf die beiden Cavaletti als auch auf den Handwechsel konzentrieren muss.

TRAININGSEFFEKT

- Schulung von exaktem Reiten
- Schulung der Galoppwechsel über dem Cavaletti
- Das Pferd lernt, gehorsam an den Hilfen zu stehen.
- Verbesserung des Galoppsprungs und der Längsbiegung

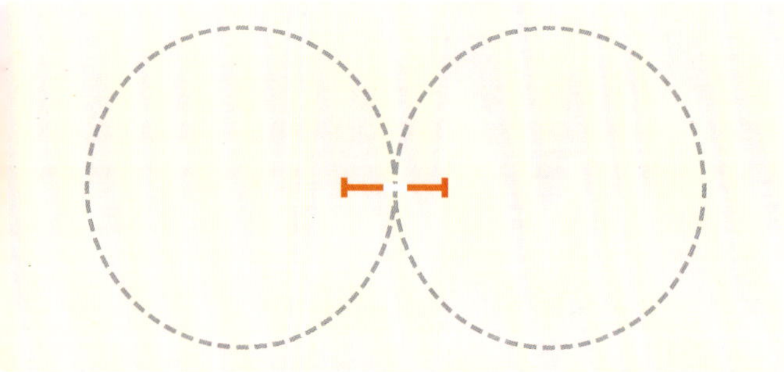

Reiten einer Acht über ein Cavaletti mit Handwechsel über dem Cavaletti

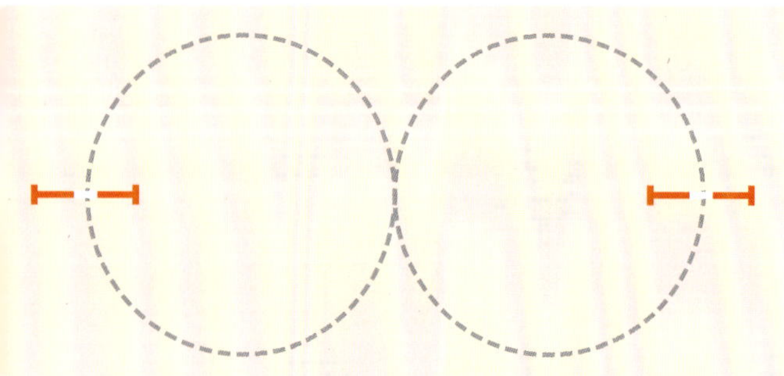

Zwei Cavaletti auf den äußeren Zirkelhälften beim Reiten einer Acht. Der Handwechsel kann über Trab, Schritt oder fliegenden Galoppwechsel geritten werden

ÜBUNG 6: ZIRKELSPRINGEN

Eine weitere Variante für das Springen auf der Zirkellinie sieht so aus, dass vier Cavaletti gleichmäßig an allen vier Zirkelpunkten aufgebaut werden. Der Reiter muss immer frühzeitig (schon über dem jeweiligen Cavaletti) zum nächsten schauen. Das erfordert eine gute Reaktionsfähigkeit, da die Cavaletti sehr schnell aufeinanderfolgen und die Zirkellinie exakt eingehalten werden muss. Der Reiter muss über jedem Bodenrick sein Pferd in die Wendung hineinreiten, damit es rhythmisch galoppiert und nicht aus der Balance kommt (Kreuzgalopp oder Außengalopp. Wird das Pferd schneller, muss der Reiter mit halben Paraden das Pferd parieren. Man sollte nach einigen guten Runden eine Schrittpause machen und auf jeden Fall diese Übung auf beiden Händen gleichmäßig üben. Anfangs sollte der Reiter sich nur darauf konzentrieren, vorausschauend zum nächs-

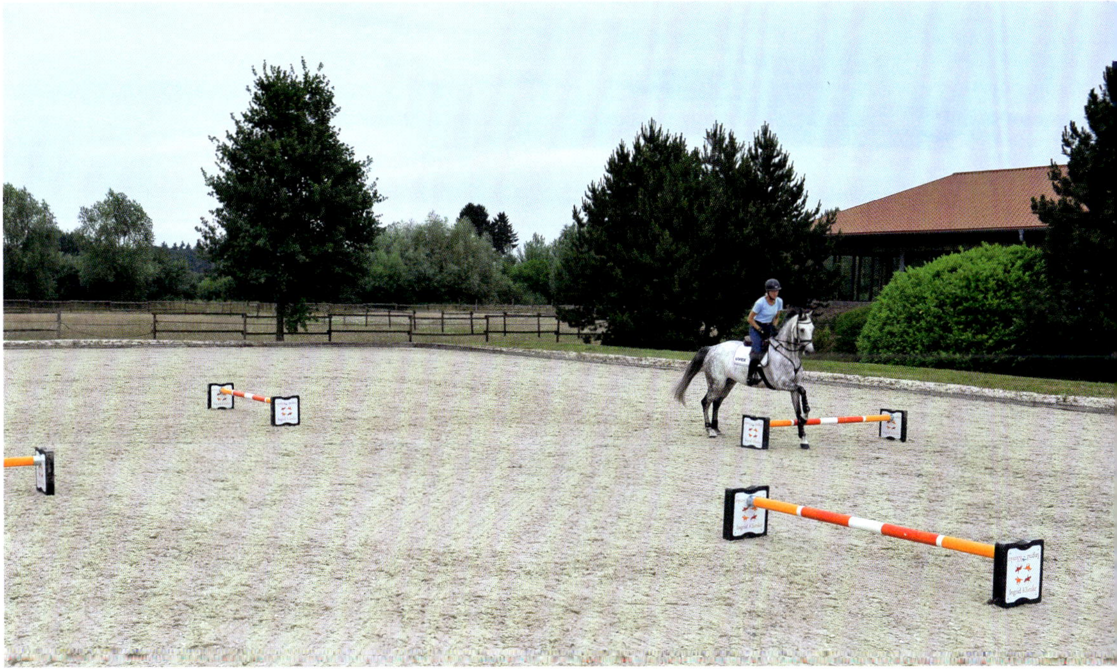

Das Reiten über vier Cavaletti auf einer Zirkellinie erfordert Konzentration von Reiter und Pferd.

ten Cavaletti zu galoppieren, und sich keine Gedanken über die Anzahl der Galoppsprünge machen. Nach einigen Runden werden Reiter und Pferd automatisch einen harmonischen Rhythmus finden. Rhythmus- und Distanzgefühl werden hierbei geschult und das Pferd lernt, geschmeidiger und ausbalancierter durch die Wendungen zu galoppieren.
Im zweiten Schritt kann der Reiter auf der Innenlinie über die Cavaletti reiten. Hierfür benötigt er drei Galoppsprünge. Galoppiert er auf der äußeren Zirkellinie über die Cavaletti, reitet er vier Galoppsprünge. Ziel dieser Übung ist es, das Pferd bewusst auf drei oder vier Galoppsprünge zwischen den Cavaletti zu reiten. Fortgeschrittene Reiter können sogar nach jedem Cavaletti die Anzahl der Galoppsprünge variieren. Sie wechseln zwischen drei und vier Galoppsprüngen abwechselnd. Volle Konzentration und schnelles Reagieren werden bei dieser Übung abgefragt und die Durchlässigkeit verbessert.

TRAININGSEFFEKT

- Schulung der Reaktionsfähigkeit von Reiter und Pferd
- Arbeit an Durchlässigkeit und Längsbiegung des Pferdes
- Förderung der Versammlung, Elastizität und des geschmeidigen Wendens

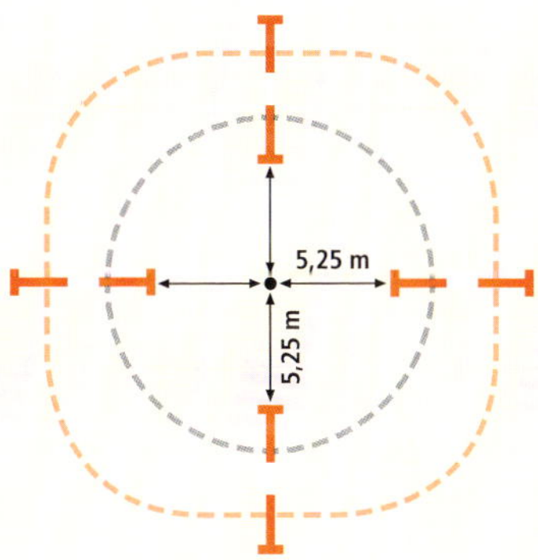

Vier Cavaletti gleichmäßig auf der Zirkellinie verteilt. Auf der Innenlinie wird auf drei Galoppsprünge, außen auf vier Galoppsprünge geritten.

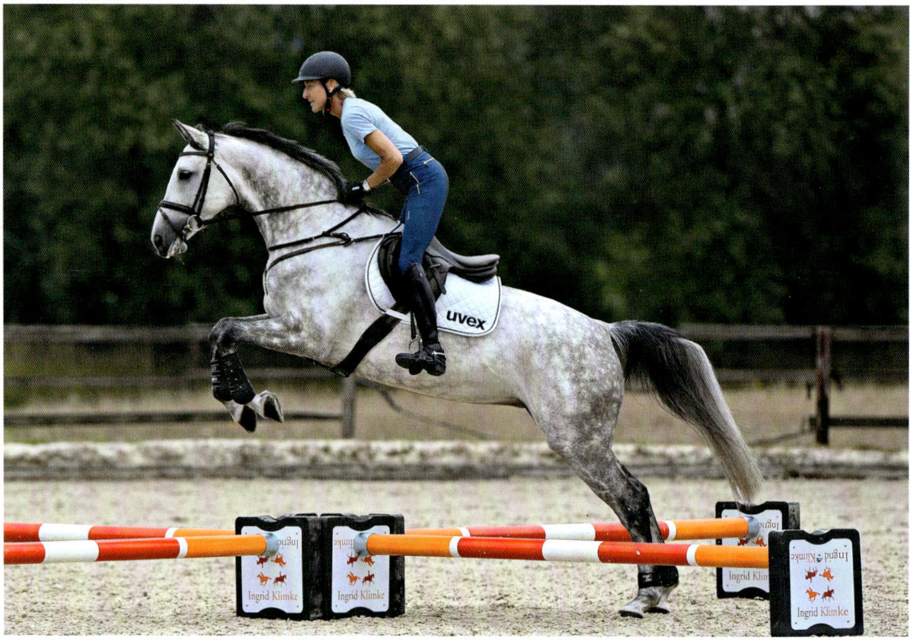

Ein kraftvoller Sprung über die Mitte des Kreuzes

ÜBUNG 7: DAS KREUZ

Das Kreuz ist eine Übung für Fortgeschrittene. Hierfür baue ich vier Cavaletti zu einem Kreuz auf. Ich habe mehrere Variationsmöglichkeiten, die Cavaletti zu überwinden. Vorrangiges Ziel ist das Üben von Wendungen. Ich beginne hierfür mit nur zwei Cavaletti und reite eine Acht über diese beiden Elemente. Anfangs wird die Acht aus zwei 10-Meter-Volten bestehen, später kann ich immer kleinere Wendungen reiten, die dann im versammelten Galopp fast einer Viertel-Pirouette gleichen. Geübt wird auch gleichzeitig der sichere fliegende Wechsel über den Cavaletti. Nachdem mir die Wendungen auf beiden Händen gut gelingen, kann ich über die Mitte des Kreuzes springen und das exakte Anreiten über die schmale Mitte üben. Beide Diagonalen eignen sich, um das Pferd schurgerade über die Mitte springen zu lassen. Unerfahrene Pferde schauen in das „Loch“ in der Mitte und überspringen sich anfangs.

TRAININGSEFFEKT

- Schulung der Konzentration und Reaktionsfähigkeit beim Reiter
- Üben von präzisem Reiten
- Förderung der Geschmeidigkeit und Bascule des Pferdes
- Aufbau von Selbstvertrauen
- Üben von schmalen Hindernissen

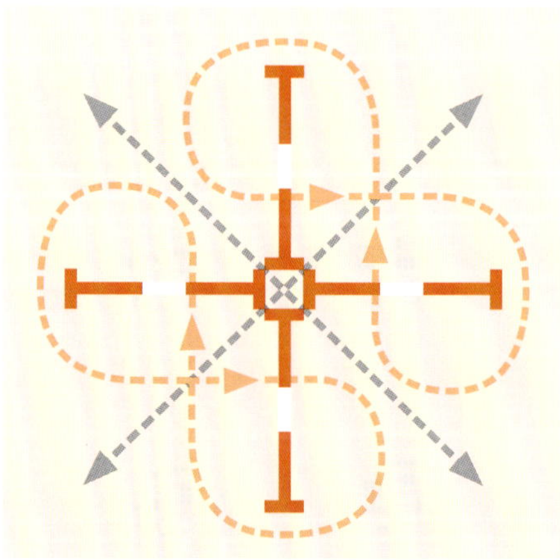

Es gibt viele Möglichkeiten, das Kreuz zu springen.

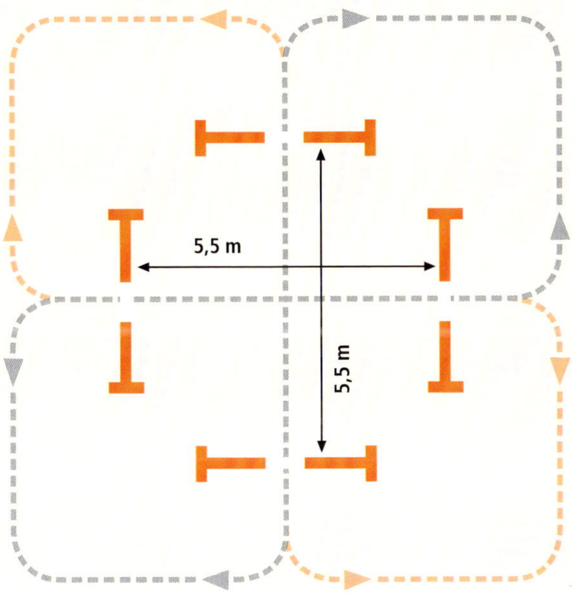

Es gibt viele Möglichkeiten, das Quadrat zu springen.

ÜBUNG 8: DAS QUADRAT

Stellen Sie für diese Übung vier Cavaletti zu einem Quadrat zusammen. Der Abstand zwischen den Cavaletti beträgt 5,50 m. Springen Sie nun in das Quadrat hinein und über das zweite Cavaletti wieder hinaus. Reiten Sie danach zwei bis vier Pferdelängen geradeaus und dann auf einem imaginären Quadrat weiter. Das heißt, Sie wenden insgesamt dreimal im rechten Winkel ab, bevor Sie erneut in das Cavaletti-Quadrat hineinspringen und über das zweite Cavaletti wieder hinaus. Landet das Pferd im Linksgalopp, wenden Sie nach dem zweiten Cavaletti links ab, landet es im Rechtsgalopp, wenden Sie rechts ab.
Als Steigerung beeinflussen Sie, in welchem Galopp Ihr Pferd spätestens beim Heranspringen aus dem Quadrat landen soll. Sitzen Sie hierfür schon über dem Hindernis richtungsweisend. Galoppieren Sie rhythmisch nach dem zweiten Cavaletti weiter und reiten Sie die imaginären Ecken des Quadrats gut aus. So lernen Reiter und Pferd, nach dem Hindernis schneller im Gleichgewicht zu galoppieren. Die erste Ecke nach dem Cavaletti ist hierbei die schwierigste.
Fortgeschrittene Reiter auf gut ausgebildeten Pferden können die Bügel überschlagen und die Übung nur über den Sitz reiten. Noch fortgeschrittener ist die Übung ohne Bügel und ohne Zügel. Hilfreich ist es, wenn man die Cavaletti auf dem oberen Teil des Zirkels plaziert, da dann auf drei Seiten die Bande den Weg begrenzt. Für das Reiten ohne Zügel wird ein Knoten in die Zügel gemacht. Nach dem ersten Cavaletti im Quadrat lassen Sie die Zügel los. Das festigt das Vertrauen zwischen Reiter und Pferd.

TRAININGSEFFEKT

- Schulung des Durchreitens von Ecken, Durchlässigkeit, Geraderichtung
- Förderung des rhythmischen Galoppierens

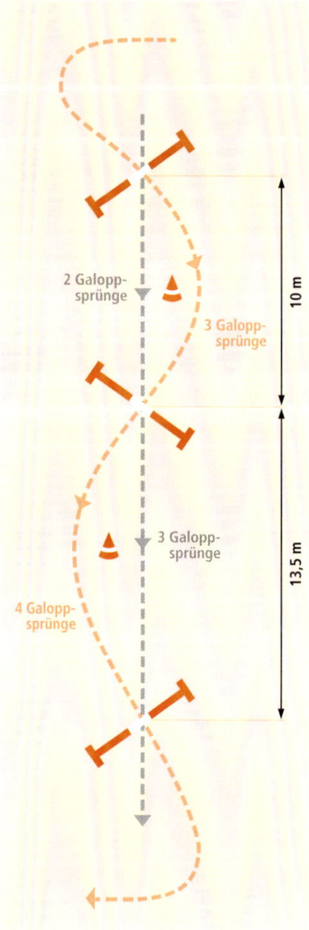

Schlangenlinie

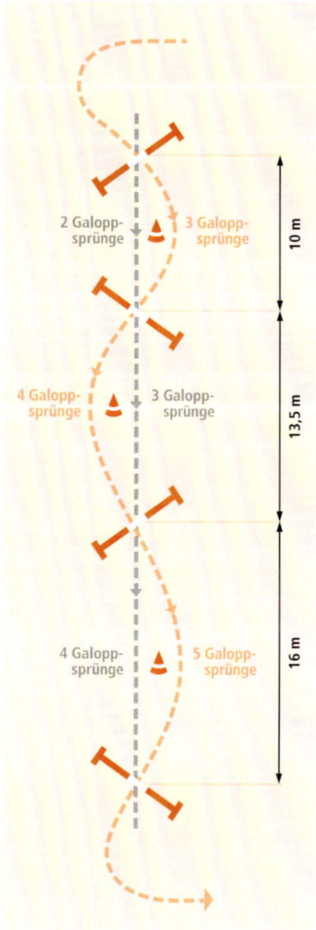

Schlangenlinie erweitert

ÜBUNG 9: DIE SCHLANGENLINIE

Die Schlangenlinie besteht aus drei Cavaletti, die hochgestellt schräg auf der Mittellinie stehen. Zwischen den ersten beiden Cavaletti besteht ein Abstand von 10 m, die nächsten beiden Cavaletti stehen 13,5 m auseinander. Die Schlangenlinie hat zwei Bögen und wird mit drei Galoppsprüngen zwischen den ersten beiden Cavaletti und vier Galoppsprüngen zwischen dem zweiten und dem dritten Cavaletti geritten. Wichtig ist, die Galoppsprünge mitzuzählen und nach jedem Cavaletti den Galopp zu wechseln. Hierfür müssen Sie schon über dem Cavaletti richtungsweisend sitzen, damit Ihr Pferd im richtigen Galopp landet. Zuerst reitet man nur einen Bogen der Schlangenlinie und galoppiert über zwei Cavaletti, wechselt die Hand und reitet den anderen Bogen. Wenn das gut gelingt, dann

TRAININGSEFFEKT

- Rhythmusschulung
- Reiten von Distanzen auf gebogenen Linien
- Vorausschauendes Reiten
- Geschmeidiges Galoppieren auf gebogenen Linien mit fliegendem Wechsel über dem Cavaletti

reitet man über die drei Cavaletti und wechselt dabei drei Mal den Galopp. Die Pylonen helfen, die Bögen passend anzureiten.
Die zweite Variante diese Übung zu reiten, ist schon recht fortgeschritten und sieht folgendermaßen aus: Sie reiten schnurgerade entlang der Mittellinie über die schrägen Cavaletti. Dabei brauchen Sie zwei Galoppsprünge zwischen den ersten beiden Cavaletti und drei Galoppsprünge zwischen dem zweiten und dem dritten Cavaletti.

ERWEITERUNG DER ÜBUNG

Besonders fortgeschrittene Reiter und Reiter mit einer Reitplatzgröße von mindestens 30 × 70 m können die Übung Schlangenlinie um ein viertes Cavaletti erweitern.
Der Abstand zwischen dem dritten und dem vierten Cavaletti beträgt 16 m und wird mit fünf Galoppsprüngen geritten. Reite ich den direkten Weg entlang der Mittellinie über die Cavaletti, brauche ich vier Galoppsprünge zwischen dem dritten und dem vierten Cavaletti. Zählen Sie die Galoppsprünge wieder laut mit, so bekommen Sie effektiv ein Gefühl für Rhythmus und Distanz. Diese Übung ist auch konditionell anspruchsvoll. Denken Sie an Pausen zwischendurch.

ÜBUNG 10: DIE ZÄHLÜBUNG

Noch mehr Gefühl für Rhythmus und die passende Distanz bekommen Sie mit dieser Übung. Sie reiten eine Acht über ein Cavaletti und zählen laut die Galoppsprünge zum Cavaletti. Zunächst sagen Sie laut 1, wenn Sie sehen, dass es noch ein Galoppsprung zum Absprung ist, beim zweiten Mal zählen Sie 1, 2 und haben so schon ein Gefühl für die Distanz von zwei Galoppsprüngen vor dem Absprung bekommen.
Dann erweitern Sie die Übung auf 3, das heißt, Sie sehen die Distanz von drei Galoppsprüngen vor dem Hindernis.
Das führen Sie so lange fort, bis Sie die Distanz schon weit im Voraus erfühlen und sehen.
Bei regelmäßigem Üben kommt man leicht auf 6 bis 9 Galoppsprünge.
Diese Übung schult das reiterliche Auge und macht Freude. Man kann sie beliebig oft wiederholen, ohne dass Ihr Pferd zu viele hohe Hindernisse überwinden muss und dadurch nachlässig oder schnell müde wird.

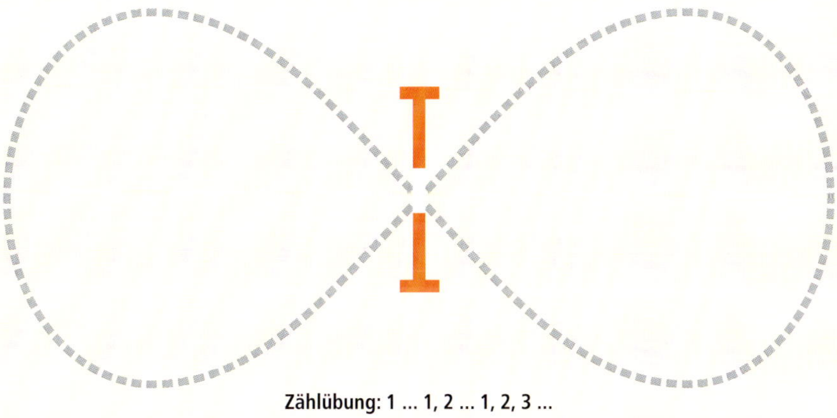

Die Zählübung beim Reiten einer Acht

GYMNASTIKREIHEN

— *Vier Aufbauvarianten*

Alle abgebildeten Gymnastikreihen kann man von beiden Seiten springen. Bauen Sie die Reihen schrittweise auf, das heißt, beginnen Sie zunächst mit einem Cavaletti und nehmen dann immer schrittweise die nächsten hinzu.

HÖHE DER CAVALETTI

N: niedrig **M:** mittel **H:** hoch

ART DES HINDERNISSES

Cavaletti

Steilsprung mit unterschiedlichen Höhen möglich, da ich das zweite Cavaletti anfangs auf N, und später (für Fortgeschrittene) auch auf H auf das untere Cavaletti stellen kann.

Oxer in zwei Varianten: entweder 2 Cavaletti nebeneinander und ein Cavaletti in die Mitte (wieder alle 3 Höhen möglich) oder 2 Cavaletti auf die unteren beiden Cavaletti stellen. Auch hier sind alle 3 Höhen möglich.

DIE GYMNASTIKREIHEN

Reihe 1: Die beiden äußeren Cavaletti können anfangs auf die Höhe N, dann auf H gestellt werden. Der Oxer in der Mitte ist in beiden Varianten (siehe oben) möglich.

Reihe 2: Die einzelnen Cavaletti anfangs auf Höhe N, dann auf H stellen, der Oxer ist in beiden Varianten möglich.

Reihe 3: Die einzelnen Cavaletti anfangs auf Höhe N, dann auf H stellen, der Steilsprung ist in beiden Höhen möglich.

Reihe 4: Die beiden äußeren Cavaletti auf H stellen, dann ein Cavaletti auf Höhe N, dann wieder zwei Cavaletti auf Höhe H, ein Cavaletti auf Höhe N und abschließend zwei Cavaletti auf Höhe H.

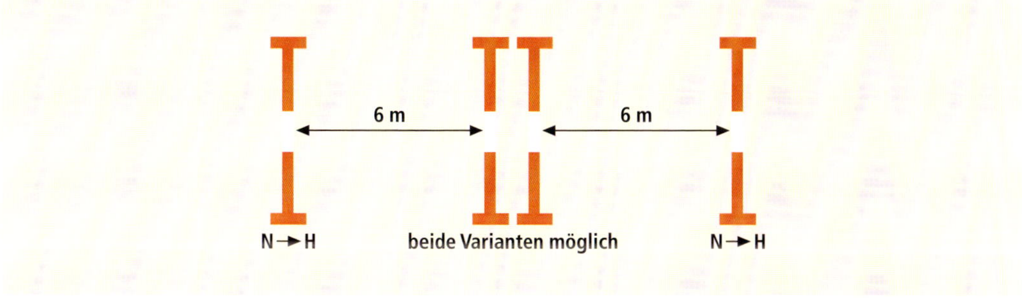

Reihe 1

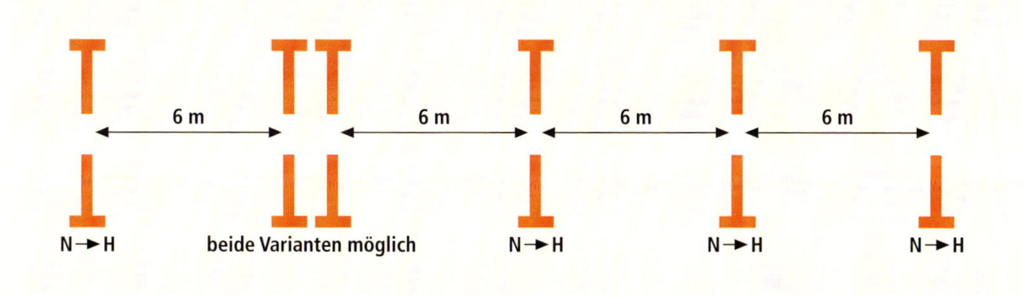

Reihe 2

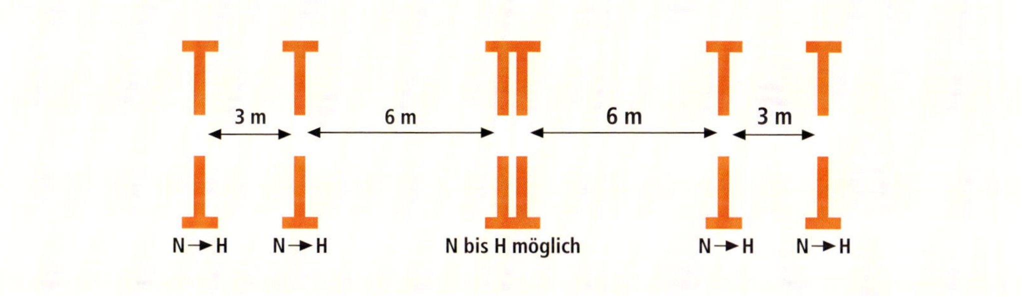

Reihe 3

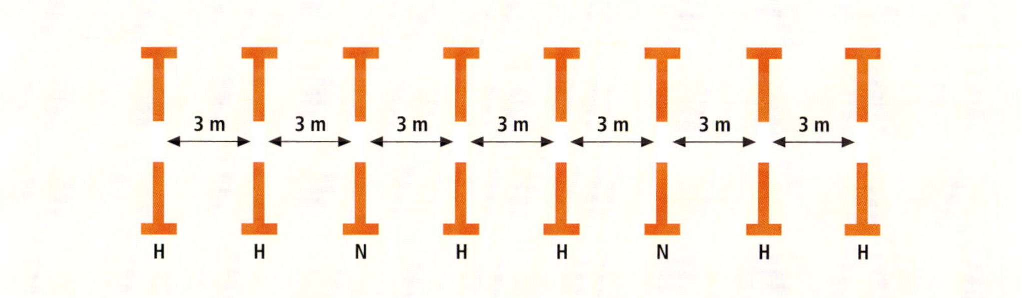

Reihe 4

SERVICE
— *zu guter Letzt*

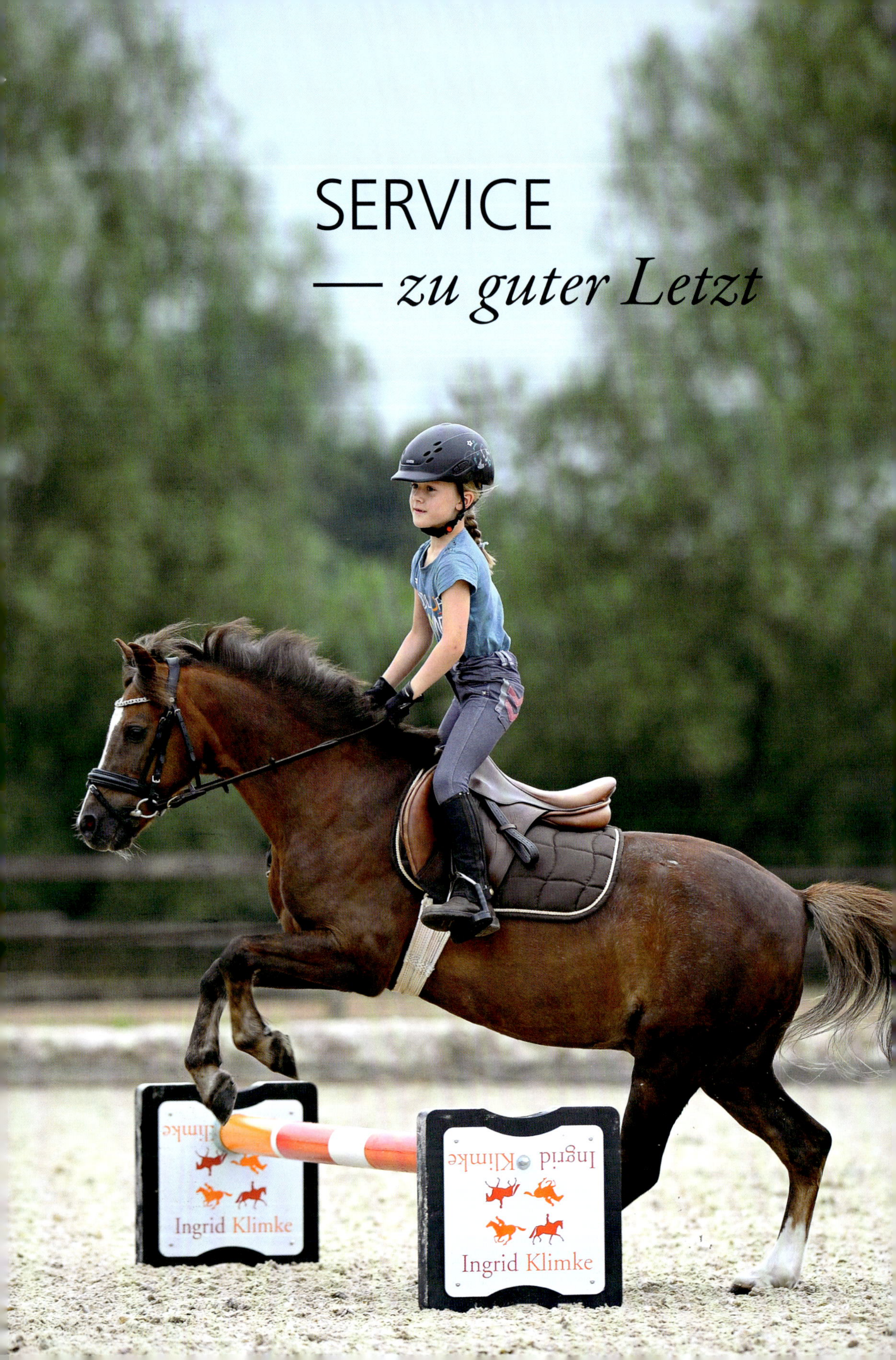

ZUM WEITERLESEN

Beran, Anja: **Aus Respekt!,** Reiten zum Wohle des Pferdes; Edition WuWei bei KOSMOS 2017
Mit diesem Buch ist Anja Beran ein grundlegendes Werk gelungen. Ob Anfänger oder fortgeschrittener Dressurreiter – hier findet jeder unverzichtbares Basiswissen, angefangen vom mentalen und körperlichen Rüstzeug für den Reiter bis hin zur pferdegerechten Ausbildung. Auch als E-Book erhältlich.

Binder, Sybille Luise: **Die Flucht der Trakehner;** KOSMOS 2019
Trakehnen im Sommer 1944. Auf dem berühmten Gestüt trifft man Vorbereitungen für die Flucht. Jesco von Esten, gerade schwer verletzt aus dem Krieg zurückgekehrt, soll eine 50-köpfige Trakehner Stutenherde nach Westen bringen. Auf dem Rücken seines Hengstes Preußenlied führt er seinen Treck bei eisiger Kälte über das gefrorene frische Haff... Hochspannend und mit historischen Fakten schildert Sibylle Luise Binder die legendäre Flucht der Trakehner, auf der Pferde und Menschen sich gegenseitig das Leben retteten und zu einer Einheit wurden. Auch als E-Book erhältlich.

Gösmeier, Dr. med. vet. Ina: **Akupressur für Pferde,** Wirkung und Anwendung; KOSMOS 2016
Akupressur wirkt nach denselben Kriterien wie die Akupunktur, ist aber auch für medizinische Laien zu erlernen und anzuwenden. Die sanfte Heilmethode dient der Gesunderhaltung des Pferdes, wirkt bei leichten Erkrankungen und hilft bei alltäglichen Problemen wie Ängstlichkeit oder Muskelverspannungen. Auch als E-Book erhältlich.

Gösmeier, Dr. med. vet. Ina: **Die fünf Pferdetypen in der Traditionellen Chinesischen Medizin;** KOSMOS 2019
Aus der Sicht der TCM haben Krankheiten oder Verhaltensstörungen immer einen körperlichen und einen mentalen Aspekt. Physische und psychische Probleme stehen in Verbindung zueinander. Die Traditionelle Chinesische Medizin behandelt deshalb immer ganzheitlich. In diesem Ratgeber beschreibt die renommierte Tierärztin Dr. Ina Gösmeier die fünf Pferdetypen und ihre individuelle Behandlung. Extra: TCM-Kräuter-Rezepturen, Akupressur und viele Fallbeispiele. Auch als E-Book erhältlich.

Higgins, Gillian: **Anatomie verstehen – besser reiten,** Bewegungsabläufe und Biomechanik sichtbar gemacht; KOSMOS 2019
Welche Belastung tragen die Gelenke in der Trabverstärkung? Warum ist es für die Wirbelsäule so wichtig, dass das Pferd über den Rücken läuft? In diesem Buch werden die Bewegungsabläufe des Pferdes beim Reiten sichtbar. Die Muskeln und Knochen sind direkt auf das Pferd gemalt. Durch diese einzigartig anschauliche Darstellung werden die Bewegungen aus anatomischer Sicht verständlich und nachvollziehbar.

Katzenberger, Yvonne / Katzenberger-Schmelcher, Ruth: **Mehr Körpergefühl für mein Pferd,** Ergotherapie im Pferdetraining; KOSMOS 2020
Trittsicherheit, Balance und eine gute Koordinationsfähigkeit sind wichtige Fähigkeiten des Pferdes, die es für ein sicheres und stressfreies Leben als Reitpferd braucht. Auffälliges Verhalten oder Rittigkeitsprobleme werden

oft als Ungehorsam gedeutet. In Wahrheit liegen die Ursachen oft bei einer Störung der drei Basissinne des Pferdes: Tast-/Berührungssinn, Gleichgewichtssinn oder die Tiefenwahrnehmung sind unterentwickelt und müssen gestärkt werden. Hier setzt die Pferdeergotherapie an – mit praktischen Übungen und sinnvollem Training. Auch als E-Book erhältlich.

Klimke, Ingrid / Klimke, Reiner: **Cavaletti – Dressur und Springen;** KOSMOS 2018
Ein wichtiger Grundstein für den Erfolg von Ingrid Klimke ist die Cavaletti-Arbeit. Dieser Ratgeber zeigt die Cavaletti-Arbeit an der Longe, liefert wertvolle neue Anregungen für die Dressurarbeit sowie zahlreiche aktualisierte Aufbauskizzen für die Springgymnastik. Neben der Gymnastizierung des Pferdes und der damit verbundenen Verbesserung der Gangarten bringt Cavaletti-Arbeit Spaß und Abwechslung in den Trainingsalltag. Auch als E-Book erhältlich.

Klimke, Ingrid / Klimke, Reiner: **Grundausbildung des jungen Reitpferdes,** Dressur, Springen, Gelände; KOSMOS 2019
Der Name Klimke steht für eine pferdegerechte und vielseitige Ausbildung. Die ersten Monate und Jahre unter dem Sattel legen den Grundstein für die Zukunft eines Reitpferdes. Jedes Pferd, ob es im Sport eingesetzt oder in der Freizeit geritten wird, braucht eine solide und fundierte Grundausbildung, damit es seine Aufgaben unter dem Reiter zuverlässig, motiviert und bei bester Gesundheit erfüllen kann. Kein Buch beschreibt die Grundausbildung junger Reitpferde so fundiert wie dieser Klassiker. Auch als E-Book erhältlich.

Klimke, Ingrid: **Reite zu Deiner Freude,** Grundsätze meiner Pferdeausbildung; KOSMOS 2016
Ingrid Klimke stellt erstmals ihre Trainingsphilosophie vor. Die Basis bilden Vielseitigkeit und Abwechslung wie Cavaletti-Arbeit, Dressur, Springen und Reiten im Gelände. Am Beispiel ihrer eigenen Pferde gibt sie wertvolle Tipps zur Förderung des jeweiligen Pferdecharakters. Auch als E-Book erhältlich.

Roida, Kathrin: **Gymnastizieren an der Hand;** KOSMOS 2017
Die Arbeit an der Hand fördert Konzentration, Körpergefühl, Selbstbewusstsein und Gesundheit der Pferde. Kathrin Roida zeigt, wie man Jungpferde, gesunde Reitpferde, Korrektur- und Rehabilitationspferde typ- und altersgerecht trainiert. Wichtige Lektionen werden von einer Osteopathin beurteilt, die biomechanische Zusammenhänge erklärt. Auch als E-Book erhältlich.

Röckener, Lisa: **Meine Pferde Hacks;** KOSMOS 2020
In ihrem ersten Buch hat Lisa Röckener nützliche Tipps und Tricks aus dem Leben mit ihren Pferden zusammengestellt. Ihre Empfehlungen fürs tägliche Training reichen von der Bodenarbeit bis zum Reiten ohne Zügel. Bei den Stallhacks finden auch erfahrene Reiterinnen und Reiter noch tolle Kniffe, vom Füttern und Equipment bis zum Pulsmessen und Putzen. Auch als E-Book erhältlich.

Savoie, Jane: **Positiv denken – besser reiten,** KOSMOS 2020
Über Erfolg oder Misserfolg entscheidet nur zu 15 % das Können und zu 85% die innere Einstellung. Werfen Sie Bedenken und Zweifel über Bord und lassen Sie sich anstecken von einem durch und durch positiven Buch. Mit Hilfe von mentalem Training, Motivationstechniken, Visualisierungsübungen, richtigem Atmen und Fokussierung stärken Sie Ihr Selbstvertrauen, Ihre Konzentrationsfähigkeit und ihre reiterlichen Fähigkeiten. So können Sie und Ihr Pferd jeden Tag über sich hinauswachsen. Auch als E-Book erhältlich.

Schöffmann, Dr. Britta: **Die Dressurstunde,** Trainingskonzepte für jeden Tag, KOSMOS 2015
Der sinnvolle und systematische Aufbau einer Dressurstunde ist gar nicht so leicht. Wie lange muss ich mein Pferd aufwärmen und wie intensiv darf die Arbeitsphase sein? Welche Übungen sind lösend, welche versammelnd? Vor allem Turnier- und Freizeitreiter, die häufig ohne Reitlehrer trainieren, sind dankbar für klare Anleitungen und kompetente Hilfe, wie eine Dressurstunde pferdegerecht aufgebaut sein sollte und wie sie sich und ihr Pferd verbessern können. Erfolgsautorin Britta Schöffmann erklärt Zusammenhänge, zeigt, wie es geht und erstellt individuelle Trainingspläne. Auch als E-Book erhältlich.

Schöffmann, Dr. Britta: **So lernen Pferde Reiterhilfen,** KOSMOS 2018
Die Verständigung zwischen Pferd und Reiter erfolgt über die Reiterhilfen. Doch woher weiß ein Pferd, wie es auf die Hilfen des Menschen im Sattel reagieren soll und wie lernen Pferde Reiterhilfen? Ausgehend von aktueller Verhaltensforschung und praktisch angewandter Lerntheorie erklärt Dressurexpertin Britta Schöffmann die Wirkung reiterlicher Hilfen im täglichen Training. Anhand zahlreicher Beispiele zeigt sie, wie das Pferd konkrete Lektionen lernt und dass Probleme meist auf Missverständnisse in der Kommunikation zurückzuführen sind. Mit 6 Filmen zu den Reiterhilfen auf der KOSMOS-PLUS-App. Auch als E-Book erhältlich.

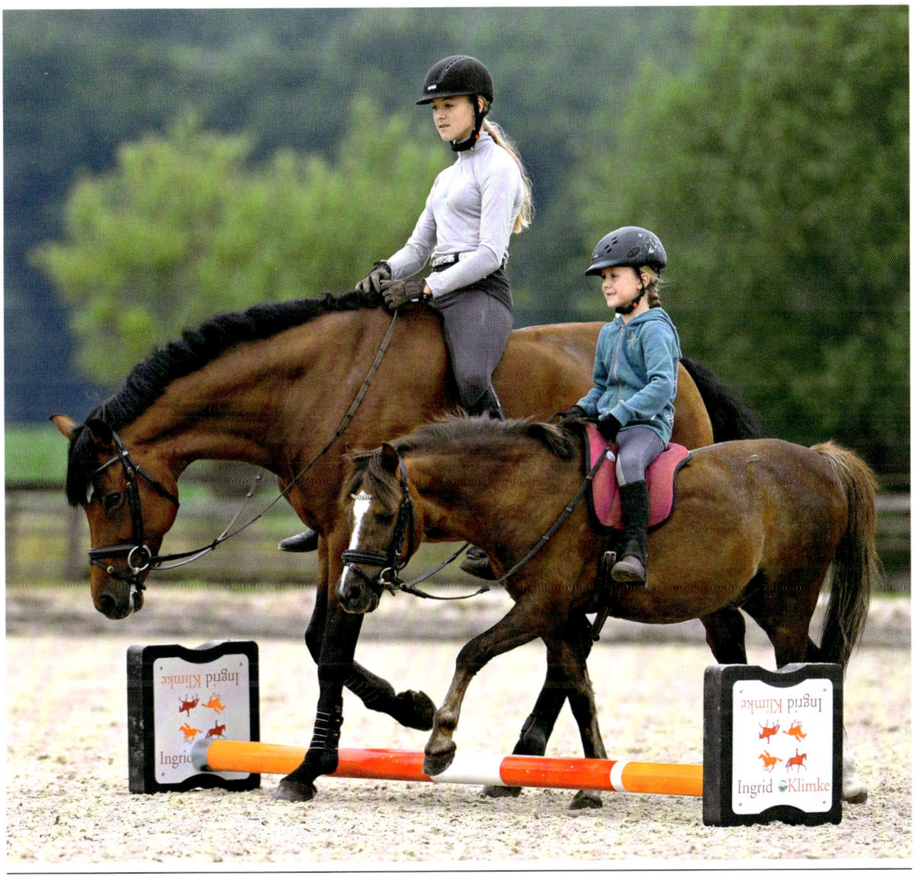

REGISTER

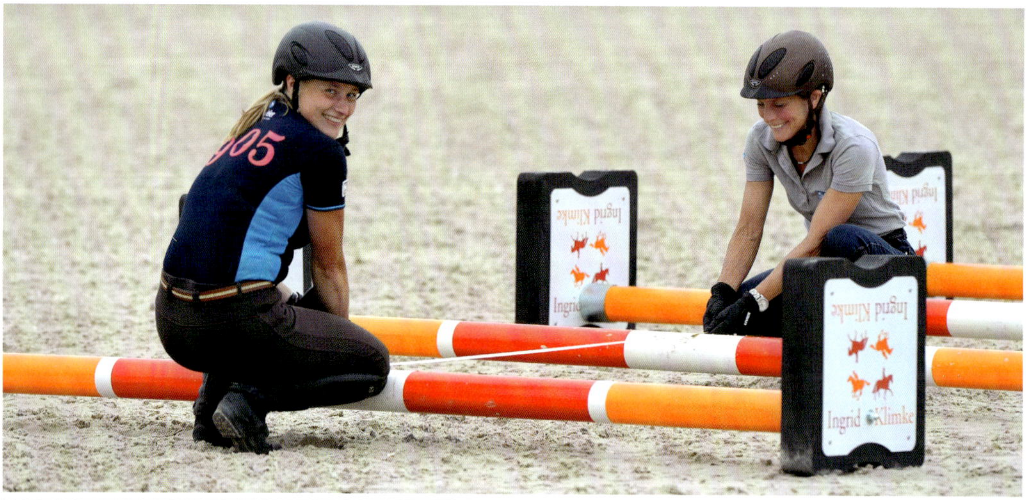

BILDNACHWEIS

41 Farbfotos wurden von Horst Streitferdt / Kosmos für dieses Buch aufgenommen.

Mit 27 Farbillustrationen von Atelier Krohmer / Kosmos

IMPRESSUM

Umschlaggestaltung von GRAMISCI Editorial Design, Isabelle Fischer, München unter Verwendung von zwei Farbfotos von Horst Streitferdt / Kosmos

Klappengestaltung von Atelier Krohmer, Dettingen/Erms unter Verwendung von 18 Farbillustrationen von Atelier Krohmer und einem Farbfoto von Horst Streitferdt / Kosmos.

Das Titelbild zeigt Ingrid Klimke und die Holsteiner Stute Weisse Düne.

Mit 41 Farbfotos und 27 Farbillustrationen.

Alles rund um das Thema »Pferd«:
kosmos-pferd.de

Unser gesamtes Programm finden Sie unter **kosmos.de**.
Über Neuigkeiten informieren Sie regelmäßig unsere Newsletter, einfach anmelden unter **kosmos.de/newsletter**

Gedruckt auf chlorfrei gebleichtem Papier

ISBN 978-3-440-17015-1
Redaktion: Alexandra Haungs
Gestaltungskonzept: Peter Schmidt Group GmbH, Hamburg
Gestaltung und Satz: Atelier Krohmer, Dettingen/Erms
Produktion: Claudia Frank
Druck und Bindung: Westermann Druck Zwickau GmbH, Zwickau
Printed in Germany / Imprimé en Allemagne

FSC
www.fsc.org
MIX
Papier aus verantwortungsvollen Quellen
FSC® C110508

1000 DANK AN ALLE SPONSOREN, FÖRDERER UND PARTNER

An dieser Stelle bedanke ich mich ganz herzlich bei meinen Sponsoren und Förderern für die vertrauensvolle und langfristige Partnerschaft. Ihre Unterstützung ist die Basis unseres Erfolges! Als Team sind wir unschlagbar!

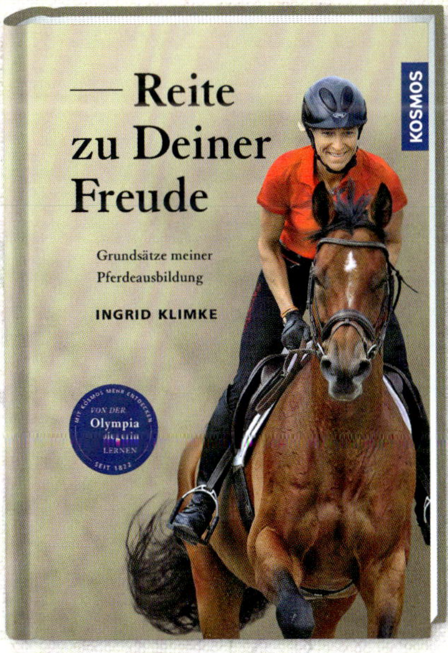

176 Seiten, ca. € (D) 32,–

Bei Ingrid Klimke haben Pferd und Mensch Freude am Training. Kernpunkte ihrer pferdefreundlichen Trainingsphilosophie sind Abwechslung, Motivation und Behutsamkeit. Dressur, Cavaletti-Trainingt, Springen und Reiten im Gelände werden sinnvoll miteinander kombiniert.
Die Reitmeisterin und Olympiasiegerin gibt in Porträts ihrer bekannten Pferde zahlreiche Tipps und Hinweise, wie verschiedene Pferdetypen individuell gefördert werden.

Über Erfolg oder Misserfolg entscheidet nur zu 15 % das Können und zu 85 % die innere Einstellung. Doch zum Glück kann jeder lernen, positiv zu denken! Dieses Buch zeigt den Weg: Mithilfe von mentalem Training, Motivationstechniken, Visualisierungs- und Konzentrationsübungen werden das Selbstbewusstsein gestärkt und Gewinner-Strategien entwickelt. So können Pferd und Reiter über sich hinauswachsen – egal ob im Alltag oder in der Turnierprüfung.
Mit Tipps und Fotos von Olympiasiegerin Ingrid Klimke.

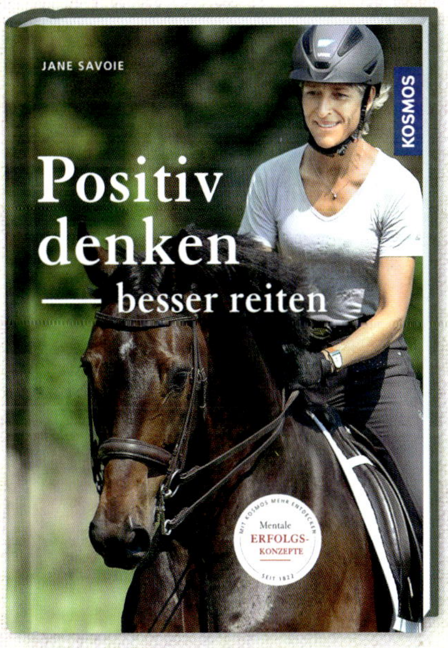

216 Seiten, ca. € (D) 34,–

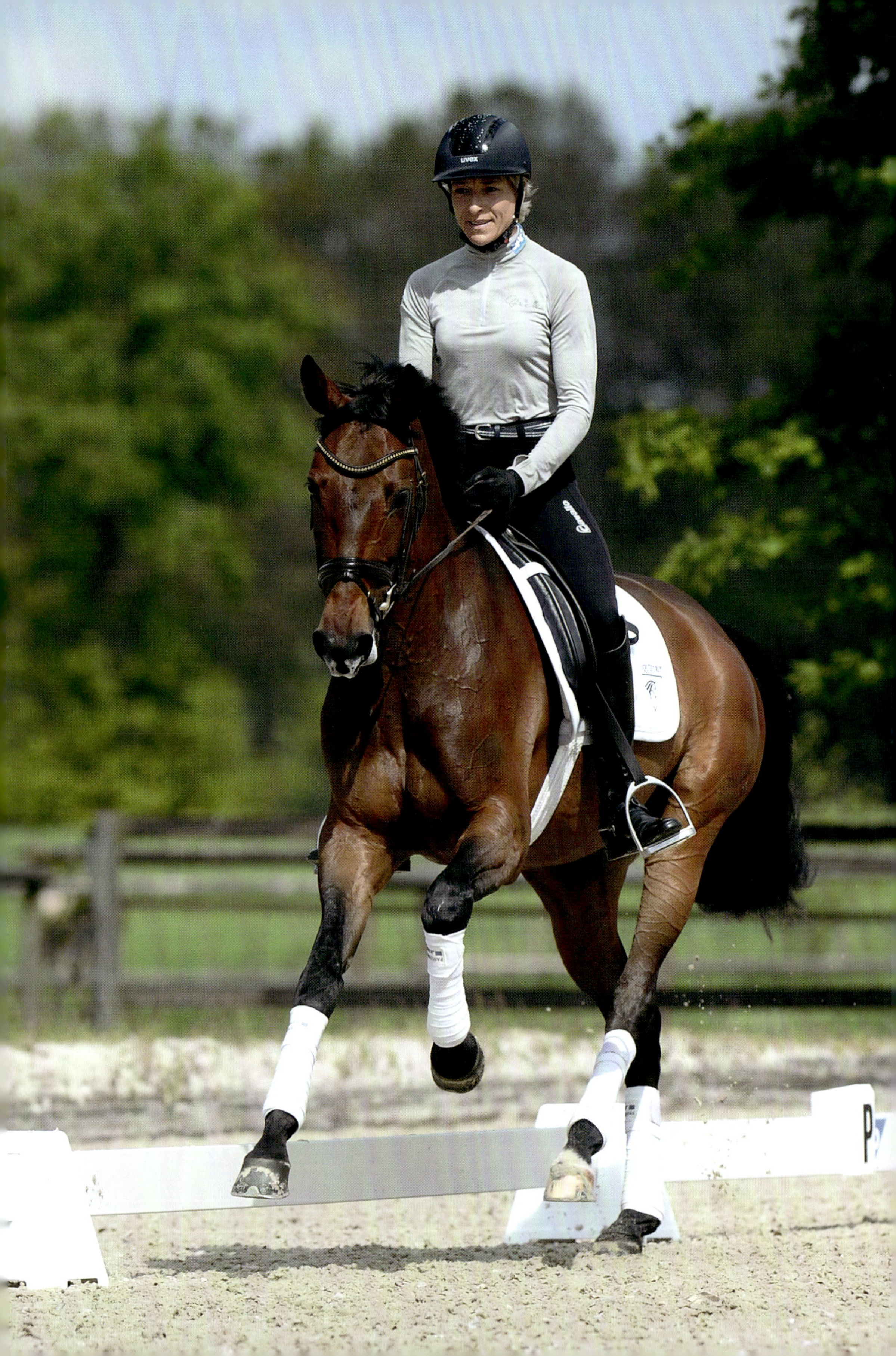
uvex
P